Poder político e meios de comunicação
da representação política ao *reality show*

Coleção *O Estado da Democracia na América Latina*
Dirigida por Bernardo Sorj e Sérgio Fausto

A coleção *O Estado da Democracia na América Latina* é parte do projeto Plataforma Democrática, uma iniciativa do Centro Edelstein de Pesquisas Sociais e do Instituto Fernando Henrique Cardoso, dedicada a fortalecer a cultura e as instituições democráticas na região, através do debate sobre as transformações da sociedade e da política na América Latina e no mundo.

Títulos publicados

Usos, abusos e desafios da sociedade civil na América Latina
Bernardo Sorj (org.)

As Farc. Uma guerrilha sem fins?
Daniel Pécaut

Silêncio, Cuba. A esquerda democrática diante do regime da Revolução Cubana
Claudia Hilb

Próximos títulos

Difícil Democracia
Sérgio Fausto (org.)

Democracia, Agência e Estado. Uma teoria com intenção comparativa
Guilherme O'Donnell

BERNARDO SORJ
(Organizador)

Poder político e
meios de comunicação
da representação política ao *reality show*

PAZ E TERRA

© 2010, Centro Edelstein/iFHC

Traduzido do original em espanhol: *Poder político y medios de comunicación*

Tradução: Miriam Xavier
Preparação: Vivian Mannheimer
Revisão: Pedro Silva
Projeto gráfico e diagramação: Gustavo S. Vilas Boas
Capa: Miriam Lerner
Imagem de capa: © istockphoto.com/Anutik

CIP-BRASIL. CATALOGAÇÃO-NA-FONTE
SINDICATO NACIONAL DOS EDITORES DE LIVROS, RJ

P797

Poder político e meios de comunicação: da representação política ao reality show / Bernardo Sorj (organização) ; [tradução Miriam Xavier]. – São Paulo : Paz e Terra, 2010.
138 p.

Tradução de: Poder político y medios de comunicación : de la representación política al reality show
Trabalhos apresentados no seminário democracia, novos cenários na relação entre a mídia e a política na América Latina, realizado em Buenos Aires, no dia 16 de outubro de 2009.
ISBN 978-85-7753-132-5

1. América Latina – Política e governo – Congressos. 2. Comunicação de massa – Aspectos políticos – América Latina – Congressos. 2. Brasil – Política e governo – Congressos. 3. Comunicação de massa – Aspectos políticos – Brasil – Congresso. I. Sorj, Bernardo.

10.4018   CDD: 302.23098
                         CDU: 316.77(8)
                             021024

EDITORA PAZ E TERRA LTDA
Rua do Triunfo, 177
Santa Ifigênia, São Paulo, SP — CEP 01212-010
Tel.: (011) 3337-8399
E-mail: vendas@pazeterra.com.br
Home page: www.pazeterra.com.br
2010
Impresso no Brasil / *Printed in Brazil*

Sumário

Introdução 7
Bernardo Sorj

Fronteiras em movimento: caos e controle
na relação entre a mídia e os políticos na América Latina 15
Fernando Ruiz

Giro para a esquerda, populismo e ativismo governamental
na esfera pública midiática da América Latina 47
Philip Kitzberger

Meios, poder e democracia na América Latina
... de celebridades políticas, poderes midiáticos e
democracias de simulação 75
Omar Rincón e Ana Lucía Magrini

Censura judicial à imprensa no Brasil:
autorregulação e maturidade democrática 105
Carlos Eduardo Lins da Silva

Os autores 137

Introdução

Bernardo Sorj

Por que vários governos latino-americanos escolheram a imprensa como principal inimigo? As relações entre o poder político e os meios de comunicação nunca se caracterizaram pela harmonia em épocas passadas. Certamente não foi o caso durante as ditaduras militares que se espalharam pela região entre os anos 1960 e 1980 ou em situações nas quais os governos desenvolveram projetos de reforma social com o apoio de partidos de esquerda, como durante a presidência de Allende, no Chile, e de João Goulart, no Brasil.

Este conflito, portanto, não é novo. E mais: existe certa tensão entre os diversos poderes, formais e informais – e os meios de comunicação aí se incluem – que é natural e saudável numa democracia. O problema é que atualmente, esta tensão se traduz em um confronto no qual vários governos da região identificam a mídia como o principal inimigo a ser combatido e sufocado.

Surgem então algumas perguntas: é válido o argumento de certos governos de que eles representam o povo, enquanto os meios de comunicação representam os interesses econômicos dos grupos dominantes, ou esta afirmação esconde outras realidades? O confronto atual é a repetição de uma velha tendência ou estamos diante de um fenômeno que, ao menos em vários aspectos, apresenta novas características?

As respostas precisam levar em consideração as diferenças entre os vários países da região, mas acreditamos que é possível distinguir alguns aspectos comuns que cruzam as diferentes realidades nacionais analisadas nos trabalhos apresentados neste livro.

Em primeiro lugar, o discurso sobre o poder da mídia é bastante impreciso, basicamente porque os meios de comunicação não são um conjunto homogêneo. São variados (rádios AM e FM, rádios comunitárias, jornais, revistas, televisão, televisão a cabo, e cada vez mais a internet e o telefone celular). Por outro lado, cada segmento está internamente diversificado, com diferentes orientações políticas e setores sociais aos quais se dirige.

É claro que não se pode desconsiderar a existência de grandes grupos empresariais que controlam meios de comunicação importantes e que, frequentemente, são donos de vários deles. Com certeza, a linha editorial desses grupos de comunicação não é ideologicamente neutra nem deixa de considerar seus próprios interesses empresarias. Entretanto, em muitos casos, é graças à estabilidade econômica que estes meios de comunicação podem manter sua autonomia frente às pressões do poder público, enquanto empresas menores dependem, para se sustentar, dos gastos em publicidade realizados por organismos governamentais ou empresas do Estado. Esta estabilidade econômica possibilita a profissionalização, a especialização e a prática de um jornalismo investigativo, que não existia em muitos países da região poucas décadas atrás.

Em segundo lugar, a mídia está sujeita, como qualquer empresa, à lógica da procura; em outras palavras, deve atrair o interesse dos consumidores em um mercado competitivo. Para os meios de comunicação trata-se da luta pelo *rating*. Neste sentido, devem acompanhar e satisfazer as preferências do público. Com exceção dos regimes totalitários, o público dos meios de comunicação nunca é um ator passivo e exerce influência no tipo de oferta desses meios.

Em terceiro lugar, os governos não são atores passivos. Todos os meios de comunicação dependem, em maior ou menor grau, de recursos da propaganda oficial e de organismos paraestatais. Da mesma forma, as rádios e as emissoras de televisão são concessões públicas reguladas pelo Estado e por legislações que incluem leis referentes à concorrência e, em muitos países, à entrada de capital estrangeiro. A possibilidade de utilizar estes instrumentos dá aos governos uma capacidade de coerção importante e que, como veremos mais adiante, foi renovada pela entrada de novas tecnologias e empresas interessadas no setor.

Em quarto lugar, ainda que faltem pesquisas oferecendo uma visão mais detalhada a respeito do efeito que a mídia exerce sobre os leitores/espectadores, a dinâmica política indica claramente que ela está longe de ser onipotente. Como mostram os trabalhos aqui apresentados, na maioria dos países latino-americanos os presidentes eleitos não contavam com a simpatia dos grandes grupos de comunicação. Como já mencionamos anteriormente, os meios de comunicação são muitos e variados e os círculos sociais de convivência e afinidade pessoal continuam sendo fundamentais para as escolhas pessoais. Da mesma forma, a suposição de que eles detêm um poder absoluto pressupõe que os cidadãos são facilmente manipuláveis e não, como acreditamos ser o caso, indivíduos pensantes que decidem a partir de vários critérios, dentro dos quais esses meios são uma entre tantas influências que eles filtram e elaboram.

Ainda sim continua válida a questão sobre se a mídia realmente se rege por uma agenda de ataque aos governos que se autodefinem como populares. Aqui é importante fazer uma diferença entre os vários países da região, já que em alguns casos, uma imprensa de baixa qualidade se caracterizou por assumir posições políticas de confronto direto com o Poder Executivo por motivos ideológicos. Mas, na maioria dos países da região, o que se define como jornalismo de confrontação é na verdade um jornalismo investigativo, denunciando atos de corrupção e abusos de poder. Trata-se, na realidade, e desde a sua origem, de uma agenda típica do jornalismo, associada à ética da profissão de jornalista e que mobiliza o interesse do público em geral e dos setores da classe média em particular. Eles são os principais consumidores da mídia impressa e os que suportam a carga mais pesada de impostos, sendo, portanto, mais sensíveis aos privilégios dos políticos e ao esbanjamento do dinheiro público.

Nas democracias de massas, a existência de um jornalismo livre que critique e denuncie os excessos e os atos ilegais do poder público e de seus funcionários é uma condição básica da transparência, controle e participação dos cidadãos. A América Latina, que viveu sob ditaduras que sistematicamente censuraram os meios de comunicação de massa deveria ter aprendido esta lição.

Desta maneira, e apesar de em certos países a qualidade do jornalismo e a imparcialidade política dos meios de comunicação deixar muito a desejar, como destaca Fernando Ruiz em seu artigo, é a tentação autoritária de políticos e de governos ultrapresidencialistas, que não aceitam críticas nem controles externos, que está à frente dos ataques aos meios de comunicação realizados em vários países da região, como é detalhadamente descrito no trabalho de Philip Kitzberger. No Brasil, como expõe o trabalho de Lins da Silva, existe outra tendência que também está presente na América Latina: a de um poder judiciário que se excede em suas funções e que se transformou em uma fonte de censura e em um obstáculo para a liberdade de imprensa.

O tema, sempre importante, de como aumentar a diversidade e a participação cidadã nos meios de comunicação não se resolve com a estatização do setor e o amordaçamento das empresas privadas. Também é preciso ter cuidado com a necessidade de aumentar a participação de uma hipotética sociedade civil, que na realidade se encontra extremamente fragmentada e na qual muitas de suas organizações estão direta ou indiretamente associadas com os grupos no poder.

De fato, ao mesmo tempo em que alguns governos se voltam para o velho estatismo, as novas tecnologias produzem uma profunda transformação nas formas de comunicação e participação. A participação cidadã aumentou muito na região. O desafio é aglutiná-la em movimentos políticos, mas não estatizá-la.

Voltemos, então, à pergunta sobre se existe algo novo nos ataques aos meios de comunicação, além das conhecidas tendências autoritárias e estatizantes que fazem parte da cultura política da América Latina.

Uma hipótese que gostaríamos de arriscar para ser desenvolvida em pesquisas futuras é a de que os meios de comunicação estão sendo atacados não em razão de seu poder, mas sim por causa de sua crescente fragilidade. O surgimento das novas tecnologias da comunicação gerou uma profunda crise no setor da imprensa escrita.

Esta crise se reflete nas novas práticas da comunicação política, na estrutura de negócios das empresas, na transformação do trabalho jornalístico com as novas formas de jornalismo virtual e no surgimento de novos atores interessados em ingressar no setor.

A transferência em massa de leitores de notícias para a internet fez com que a tiragem da maioria dos grandes jornais impressos apresentasse uma queda constante. Da mesma forma, os noticiários de televisão perderam sua audiência e/ou seu peso como fontes de informação. Ainda que os jornais atualmente sejam mais lidos na tela do computador do que no papel, o modelo de geração de recursos está em crise, provocando em muitos casos um corte de pessoal.

Como indicam os trabalhos aqui apresentados, em vários países da região presidentes e assessorias de imprensa desenvolveram uma estratégia de comunicação política mediante a qual os presidentes e seus assessores de imprensa praticamente não se dirigem mais aos jornalistas para dar as notícias. No novo formato de comunicação, esta manobra evasiva é feita através de atos ou programas jornalísticos nos quais o presidente "fala com o povo", programas estes que são transmitidos por cadeias de rádio e de televisão. Esta estratégia, como mostra o trabalho de Omar Rincón, não é monopólio de uma linha ideológica, já que é utilizada tanto por Hugo Chávez na Venezuela, quanto por Álvaro Uribe na Colômbia.

O poder sempre utilizou meios simbólicos para divulgar imagens dos governantes com os quais o povo pudesse se identificar. Mas o velho estilo midiático de celebração do poder era o da construção de imagens de líderes ao mesmo tempo distantes e paternais, diferentes dos mortais comuns e, portanto, caracterizados por uma aura singular. Hoje, em uma sociedade permeada por valores igualitários, a comunicação política se transformou em um *reality show*, no qual os governantes devem mostrar-se iguais ao cidadão comum, apresentando-se como um deles. A ideia de que os representantes do povo são pessoas com qualidades excepcionais chega a ser desprezada e está condenada ao fracasso, no que se refere à comunicação, já que é vista como algo distante e elitista, palavra que passou a ter somente conotações negativas.

Ou seja, a despeito do enfrentamento entre núcleos de poder, as relações entre mídia e política nos remete a uma temática de fundo que é a da transformação, tanto das relações sociais (cada vez mais centradas em uma cultura igualitária e em indivíduos com amplo acesso à informação), quanto da representação social (com o choque entre a concentração de poder – econômico e político – e formas de participação coletiva).

Esta transformação inclusive tem impacto sobre a própria profissão de jornalista, que está sendo redefinida em razão da criação de sites e blogs, institucionais ou pessoais, sem mencionar os *spams*, e que transformam qualquer cidadão ou organização em fonte de notícias. Ainda que o jornalismo investigativo, associado aos grandes meios, continue sendo a principal fonte de "notícias" de grande impacto social (que os blogueiros posteriormente comentam), o sentimento entre os profissionais da comunicação é de que o jornalismo é uma profissão em crise. Entretanto, talvez o fator principal, do ponto de vista do tema aqui debatido, seja que a convergência dos meios de comunicação (telefone, televisão e internet), atrai o interesse de novos e poderosos atores econômicos para a área da produção de conteúdo; particularmente para as grandes empresas de comunicação e para os grandes portais da internet que passaram a ter um interesse estratégico na produção de conteúdos. Em geral, são empresas economicamente mais poderosas que os grupos tradicionais da área de comunicação.

Esta transformação do sistema da mídia exige, por sua vez, novas formas de regulação do setor, o que deu aos governos a possibilidade de intervir a favor de certos grupos empresariais, colocando uma espada de Dâmocles sobre as empresas do setor e que pode ser usada pelos governos em função de interesses político-partidários.

As novas formas de comunicação política e a fragilidade comercial dos meios de comunicação enfraquece a tese do poder onipotente da mídia. Porque então a obstinação contra este setor? Ela é um indicador – e generalizando novamente uma realidade que difere de país para país –, do enfraquecimento de outros meios tradicionais de articulação das vozes regionais de oposição, particularmente dos partidos políticos e dos sindicatos. Este contexto, no qual os meios de comunicação aparecem como os únicos fatores capazes de articular críticas ao poder público, os transformam em alvo privilegiado dos ataques dos governos com tendências autoritárias. Ou seja, quando falham as estruturas de **mediação** entre os cidadãos e o sistema político, passa-se para a **midiatização** destas relações. Com intensidade diferente, este processo está presente em todas as democracias modernas, transformando a relação com a mídia (ocupando-a, neutralizando-a ou silenciando-a), no centro da atividade política. Aparecer na mídia passou, inclusive, a ser obrigatório tanto para as organizações da sociedade civil quanto para os grupos de ativistas radicais.

Finalmente, não podemos deixar de mencionar três temas que surgiram no seminário e que ainda que não sejam objeto deste livro, merecem ser mencionados. O primeiro é a existência de meios de comunicação livres da interferência dos governos, são fundamentais para enfrentar regimes e tendências autoritárias, mas na medida em que denunciam incessantemente os políticos por atos de corrupção podem levar à erosão dos valores democráticos. Aparentemente este paradoxo explica-se pela mesma dinâmica: o jornalismo investigativo, que denuncia a malversação de fundos e a apropriação privada de recursos públicos é fundamental para a democracia. Mas o jornalismo que só se concentra na denúncia, enfraquece a imagem de toda autoridade política em razão da tendência a valorizar excessivamente o escândalo político em detrimento de qualquer outra notícia. Este contexto gera um estado de conflito, no qual políticos e meios de comunicação se deslegitimam mutuamente, o que não favorece a consolidação de uma cultura de diálogo democrático e respeito pelas diferentes esferas de poder.

O segundo tema é o impacto dos novos meios de comunicação na política. Entendemos que é um campo muito dinâmico, em permanente transformação, e que exige pesquisas e um acompanhamento constante.

O terceiro tema, central, é o de políticas de regulação que assegurem a competição e apoiem canais cidadãos de comunicação, mas que impeçam qualquer controle sobre o conteúdo e a independência dos meios de comunicação.

Os trabalhos aqui apresentados foram discutidos no seminário *Democracia 2.0? Novos cenários na relação entre a mídia e a política na América Latina*, realizado em Buenos Aires, no dia 16 de outubro de 2009. O seminário foi organizado por Hernan Galperin, diretor da Universidade de San Andrés e por Alberto Quevedo, diretor da Faculdade Latino-americana de Ciências Sociais – FLACSO/Argentina, juntamente com Plataforma Democrática. A contribuição dos participantes das mesas, além dos autores dos trabalhos aqui apresentados, também inclui Silvio Waisbord, Maria O'Donnell, Carlos Acuña, Lucas Sierra, Eliseo Verón, Miguel Wiñazki, Laura Zommer e o público presente, e foi incluída na versão final dos textos. Um resumo dos debates coordenados por Alejandro Alfie e o vídeo do seminário podem ser encontrados em http://www.plataformademocratica.org.

Fronteiras em movimento: caos e controle na relação entre a mídia e os políticos na América Latina[1]

Fernando Ruiz

O problema

O conflito entre os meios de comunicação e as demais instituições políticas é um dos traços mais comuns da acidentada e bicentenária construção democrática na América Latina. Hoje, no início do novo século, a agenda de inquietações democráticas provocada por esta tensão constante enfrenta dois problemas principais. *Primeiro*, a grande heterogeneidade da qualidade democrática de muitos dos sistemas midiáticos[2] da região; *segundo*, algumas das políticas governamentais projetadas (formal ou informalmente), para fazer frente à influência da mídia na

---

[1] Agradeço a Bernardo Sorj pelos comentários que contribuíram para melhorar este texto.
[2] Por sistema midiático nos referimos ao conjunto total dos meios de comunicação existentes para cada comunidade e às condições em que produzem notícias.

vida política, que é vista como excessiva. A qualidade da democracia na América Latina será influenciada de várias formas se este conflito democratizar ou não o sistema dos meios de comunicação da região e se melhorar a sua interação com as demais instituições políticas.

O que são os meios de comunicação?

Para evitar reducionismos sobre os meios de comunicação, propomos entendê-los como entidades tridimensionais: são, ao mesmo tempo, uma organização (comercial, social ou estatal), uma comunidade profissional e um ator político. Estas três dimensões compõem uma mistura singular de pressões, ideais e interesses que em cada meio de comunicação concreto, em diferentes circunstâncias, combinam-se de maneira diferente. Cada meio específico deveria ser analisado detalhadamente para que possamos ver qual dessas três dimensões é a mais influente em seu produto final. Alguns são dirigidos quase completamente como atores políticos, deixando em segundo plano seus resultados econômicos e não dando nenhuma autonomia profissional à sua redação; outros são dirigidos puramente como ferramentas de lucro; e outros contam com uma redação de jornalistas que toma suas decisões de acordo com critérios profissionais. É lógico que na maioria dos casos a influência das três dimensões mescladas é o mais comum. Os meios de comunicação existentes na região possuem uma combinação complexa desses três elementos e inclusive mudam esse arranjo de acordo com as circunstâncias.

Os meios de comunicação como atores políticos

A centralidade política dos meios de comunicação é um tema constante e nem um pouco recente na construção democrática. De fato, o jornalismo é uma das poucas indústrias privadas, talvez a única, que tem um nível de proteção constitucional, goza de privilégios legais e, muitas vezes, também econômicos, em razão da grande valorização institucional em sua defesa. Inclusive é possível que todas as Constituições latino-americanas do século XIX e muitas do século XX falem mais da imprensa do que dos partidos políticos.

A expressão 'quarto poder' não é do século XXI ou da era da multimídia, foi cunhada na Inglaterra do século XVIII. Na América Latina, desde as primeiras Repúblicas do século XIX após a época colonial, um dos debates mais persistentes foi sobre a legislação referente à imprensa, sendo que inúmeras crises políticas foram desatadas a partir das páginas dos diários de tal século. O mesmo aconteceu no século XX, quando grandes crises históricas tiveram como principais atores os meios de comunicação. Por exemplo, quase sempre os presidentes com um forte perfil reformista ou revolucionário (Getulio Vargas, Juan Perón ou Salvador Allende), encontraram na imprensa de sua época um ator político inimigo. E esses líderes por sua vez tentaram desenvolver meios de comunicação que lhes servissem como ferramentas em sua batalha política. É preciso voltar à etapa colonial para encontrar uma mídia mais afastada da cena política, mas seu suposto caráter apolítico também é discutível.

Além disso, é preciso considerar que o jornalismo latino-americano tem uma origem histórica mais influenciada pela escola da Europa continental do que do mundo anglo-saxão e isso têm implicâncias para a relação entre a mídia e a política. Ao longo do seu desenvolvimento histórico, o modelo europeu continental produziu uma matriz na qual a mídia é mais comprometida com os partidos políticos, diferentemente do modelo anglo-saxão, no qual essas relações partidárias foram esfriadas durante a segunda metade do século XX. Atualmente estas matrizes históricas de alcance global estão em um processo de convergência, mas a história é totalmente diferente. Isto contribui para explicar por que a mídia na América Latina tem um ativismo mais explicitamente 'partidário' do que a mídia nos Estados Unidos.

Portanto, o sistema midiático é um dos principais poderes políticos das poliarquias democráticas latino-americanas. É interessante destacar dois aspectos principais dessa politização: 1. São instituições políticas. 2. São formas de representação política.

Os meios de comunicação são instituições políticas

O jornalismo é uma instituição composta por um conjunto de meios que compartilham condutas, rotinas, procedimentos informais e controlam uma área social e política que os leva a ser, em sociedades abertas, decisivos para "organizar a esfera pública" (Cook, 1998: 86).[3] A gestão da conversação pública (quem diz o que, quando, como e em que condições dentro dos meios de comunicação) é o principal âmbito de ação do jornalismo. E a despeito da diversidade de organizações jornalísticas, existe, nos países da América Latina, uma coincidência organizacional importante, definindo desta forma uma área. Todo ator, instituição, organização ou indivíduo que queira transitar pela esfera pública, está obrigado a interagir com o jornalismo em uma relação nunca estável, de interdependência flutuante. Nesse processo, aqueles que se relacionam com o jornalismo para ter acesso ao público podem adotar valores próprios dessa área midiática.

Em comparação com o que ocorre nos sistemas dos meios de comunicação das democracias mais avançadas do mundo, a mídia latino--americana é mais heterogênea em termos de qualidade profissional. Nas zonas de maior qualidade democrática da região, os padrões profissionais dos jornalistas costumam ser mais altos e as práticas daqueles que dirigem esses meios de comunicação mais coerentes com tais padrões. Entretanto, em outras regiões, esses padrões são muito desiguais, desta forma, a mídia é menos institucional no sentido de que regula menos esta área. Isto faz, por exemplo, com que um mesmo ator político deva interagir, ao mesmo tempo, com meios de comunicação que têm padrões bastante altos e com outros que defendem práticas muito deficientes. Assim, as regras de conversação pública tendem a ser menos previsíveis, mais arbitrárias e torna-se mais instável e incerta a relação entre as outras instituições políticas e a esfera pública. É claro que à medida que existem mais diretores desses meios e jornalistas de "baixa qualidade", a atuação dos demais atores e instituições no espaço público são mais sujeitas a distorção.[4] Em qualquer análise a

---

[3] "Política, ou seja, as decisões de quem oferece o que, quando e como, para uma sociedade, muitas vezes, mas nem sempre, ocorre por meio de organizações e procedimentos formais. Na medida em que essas organizações e procedimentos se tornam estáveis, recorrentes e viram padrões estimados de comportamento, transformam-se em instituições políticas" (Huntington y Dominguez, 1975: 47)

[4] De acordo com Lawrence Whitehead: "uma análise da 'qualidade da democracia' que faça uma interpretação ordenada e comparativa de forma séria sobre a atuação comunicativa de governos, meios de comunicação, comitês assessores e similares nas novas democracias, descobriria, com muita probabilidade, grandes variações longitudinais e espaciais, assim como grandes diferenças entre regiões e classes sociais" (Whitehead, 2008: 76).

ser realizada sobre o jornalismo em alguma zona de baixa qualidade democrática, será fácil verificar como é possível a convivência entre um jornalista que possui padrões elevados e está ligado às mudanças de sua profissão, e outro que tem práticas extorsivas reconhecidas a respeito de suas fontes ou simplesmente é pago por elas. Pelo contrário, nas zonas de maior cultura democrática, é mais difícil que os jornalistas de "pouca qualidade" sobrevivam como jornalistas ou tenham alguma influência.

Na América Latina existe uma bifurcação profissional parecida com a bifurcação democrática que existe entre as zonas azuis, onde a cidadania é exercida com mais intensidade e as zonas marrons, onde a cidadania é exercida com menos intensidade, descritas por Guillermo O'Donnell (O'Donnell, 1997). Assim como existe, simplificando, uma democracia de duas velocidades, também existe um jornalismo de duas velocidades. A heterogeneidade do cenário midiático na imensa maioria dos países da região faz com que, em muitas zonas, a corrupção, a chantagem, a desinformação, os consensos negativos, uma censura estrutural sobre os assuntos públicos, gere uma discussão pública de baixa qualidade, o que também afeta, sem dúvida e em última instância, a qualidade da gestão governamental. Sempre e em todos os países, o jornalismo teve fronteiras mais indefinidas do que em outras profissões, mas na América Latina esta heterogeneidade é mais grave. Em vários lugares da América Latina existe um jornalismo sem jornalistas, onde nenhum dos comunicadores atuantes seria aceito na profissão de acordo com padrões mínimos, e nem eles mesmos se sentiriam parte dessa identidade profissional. Nesses lugares, o jornalismo faz parte do debate social sem nenhuma qualificação profissional. Em geral, é possível correlacionar a qualidade democrática de uma zona com a qualidade de seu debate público e do seu jornalismo. O público também não costuma ter uma ideia muito precisa do que é o jornalismo e muitas vezes consome cultura popular e notícias sem distinção. Além disso, podemos considerar também a aceleração da revolução tecnológica das comunicações que incorpora novos comunicadores que se autointitulam jornalistas, mas que nem sempre são reconhecidos como tais pelos profissionais.

Com estas particularidades, o jornalismo é uma instituição política, pelo menos desde o início da vida republicana na região, há aproximadamente duzentos anos.

Os meios de comunicação são formas de representação política

Na política, para alcançar legitimidade, é preciso *comunicar* a representação. Isto implica o fato de que os meios de comunicação estão, desde a sua origem, no centro da atividade política e que não há como entender isto sem analisar os modos e formas de comunicação de cada época. Porém, os meios de comunicação não são apenas um mecanismo utilizado por terceiros para alcançar a representação, mas também são potencialmente representativos em si. Os próprios meios incluíram esta pretensão de uma representação direta em seu discurso histórico, o que se reflete em nomes como "a voz do povo", "a voz do interior", "o censor", "o tribuno" ou slogans comuns como "firme junto com o povo". Desta forma, desde a origem da história democrática moderna, os meios de comunicação integraram esse grupo de instituições que fornece o serviço político de representar os cidadãos.

O conceito de crise da representação política é recorrente na história do pensamento político latino-americano. O tema tem esse *déjà vu*, e surge nos momentos nos quais se acredita viver o esgotamento do modelo de representação política. As reivindicações sociais parecem menos homogêneas e isto enfraquece os atores que funcionam como agregadores de interesses. É claro que a complexidade social também torna mais complexa a representação política. As sucessivas crises de representação produzem reacomodações entre estas instituições, inclusive entre as mais formais. Em alguns momentos, aconteceram perigosas rajadas ideológicas que promoviam a presença, no Estado, de corporações para "melhorar" o processo de representação. De fato, surgiram muitas ditaduras na região com o objetivo de "modernizar" as formas de representação política frente a supostas "crises de representação". Também aconteceram tentativas de representação neocorporativas e, de tempos em tempos, surgem "novos movimentos sociais" que renovam esse equilíbrio entre os atores da representação política.

Instituições de representação como o Congresso e o Poder Executivo, ambos eleitos pelo voto popular, também passaram por sucessivos realinhamentos, nos quais o Poder Executivo ganhou espaço em muitos países em detrimento dos Congressos. Por exemplo, as "democracias delegativas", descrição de O'Donnell para alguns países no início dos anos

90, retratam este realinhamento da representação política em benefício dos presidentes e contra os parlamentos (O'Donnell, 1992).

No regime democrático, a representação política nunca foi um monopólio dos poderes eleitos, nem as eleições esgotaram as formas de representação. Legisladores, partidos e presidentes são o núcleo da representação democrática, mas também é uma condição da democracia que eles não tenham esse monopólio. De fato, na origem da democracia moderna, ao surgir os parlamentos, surgiu, por sua vez, a imprensa como instância crítica dos próprios parlamentos. Ou seja, podemos dizer que assim como as novas democracias davam à luz aos seus representantes formais, elas simultaneamente geraram aqueles que iriam vigiar estes representantes. Desta forma, ficou constituído como um dos pontos centrais do regime político uma disputa pela representação entre várias instituições. Se no imaginário está instalada a ideia de que uma sessão parlamentar é o povo deliberando, os jornalistas simbolizam, nesse palco parlamentar, a imagem do povo controlando.

Na arquitetura real, mais do que na teórica, sobre a origem da democracia moderna, o jornalismo é uma instituição a mais ou uma instituição de última instância que funciona paralelamente às outras para oferecer possibilidades finais de expressão frente aos poderes constituídos. Por isso, as "vítimas" do regime político sabem que o caminho para pressionar o Estado está nas ruas e na mídia, e ali deve estar, de uma maneira sustentável, para poder satisfazer suas reivindicações. Dizer que os representantes eleitos pelo voto esgotam a representação política é pedir aos representados que deleguem sua autonomia entre o período das eleições ou reduzir a sua expressão aos mecanismos formais contidos na instituição parlamentar. Um parlamento que monopolize a representação política será uma instituição que não permite a deliberação pública para além de suas paredes.

A prática histórica das democracias latino-americanas foi um cenário muito rico para velhas e novas formas de representação. Por exemplo, a historiadora Hilda Sábato fez um interessante retrato da política em Buenos Aires no final do século XIX, no qual são discutidas formas midiáticas e outras para manifestar as preferências dos cidadãos, que não se restringiram aos âmbitos eleitorais de participação (Sábato, 2005).

A representação política dos meios de comunicação não está formalizada, como a de um legislador ou um presidente eleito através das urnas, mas nem por isso é menos real. De fato, um cidadão ou inclusive um setor social pode sentir-se mais representado por um meio da comunicação do que por um representante no qual votou. A mídia pode ser tão eficaz como o parlamento para promover a discussão dos assuntos públicos e tão eficiente como os partidos para promover candidatos e uma determinada agenda. Qual foi o partido de direita mais eficaz e persistente no Chile: a UDI e a Renovação Nacional ou o jornal *El Mercurio*? Qual foi o partido da esquerda mais eficiente na Argentina durante os últimos vinte anos: o Partido Socialista ou o jornal *Página 12*? Portanto, é lógico que os cidadãos, atores organizados, e a própria mídia, usem esses "poderes especiais" para manifestar as suas preferências no espaço público.

A história parlamentar e dos partidos políticos mostra como eles foram se adaptando para ajustar a sua capacidade de representação. Parlamentos e partidos foram transformando a sua relação com os meios de comunicação para facilitar essa comunicação vital de representação. Desde aqueles dias em que os jornalistas eram proibidos de atuar nos parlamentos, até hoje, quando os legisladores são apenas tolerados nos estúdios de televisão e devem expressar suas ideias em menos de trinta segundos.

As cargas da história do sistema midiático

Para entender o tipo específico de inter-relação entre o sistema midiático e político na América Latina, é preciso analisar três fatores históricos decisivos: a lenta e ciclotímica construção democrática, a baixa qualidade do Estado e a dificuldade de consolidar uma ordem econômica estável.

Democracia. A dificuldade de consolidar um regime democrático na região comprometeu severamente o desenvolvimento do sistema dos meios de comunicação e suas práticas. O desenvolvimento da mídia e do jornalismo foi sempre, em toda época e lugar, dependente da qualidade do regime político. Passaram-se dois séculos republicanos e só agora é possível falar de regimes democráticos em quase todos os países da região, ainda que não sem ameaças. E a interrupção contínua das experiências democráticas também foi uma interrupção contínua do desenvolvimento do jornalismo. A longa família de regimes autoritários que povoou a região desenvolveu inúmeros métodos de controle, cooptação, repressão e degradação dos meios de comunicação e da própria profissão de jornalista, gerando um processo de seleção negativa, em que eram fortalecidos os meios mais funcionais aos autoritarismos vigentes. Após cada uma dessas experiências, iniciavam-se processos de reconversão do sistema midiático, com velhos e novos atores, que logo podiam voltar a sucumbir diante de uma nova experiência autoritária. Em alguns países, as ditaduras foram mais frequentes que em outros, mas todos sucumbiram a ela. A partir deste ponto de vista, a primeira década deste século é auspiciosa se considerarmos que apenas um governo da região não foi eleito pelo voto livre do povo (Cuba).

Estado. A dificuldade de consolidar um Estado – sobretudo entendido como burocracia-organizativa e como sistema legal – que tenha uma qualidade democrática foi outra grande carga para o desenvolvimento do jornalismo (O'Donnell, 2007: 28). Como diz Waisbord "o jornalismo democrático, independentemente de suas particularidades, não é viável enquanto os Estados não forem capazes de satisfazer algumas de suas principais obrigações" (Waisbord, 2009: 204). As falências mais concretas que a baixa qualidade do Estado provocou e continua provocando a respeito da configuração do sistema midiático são:

a) *Garantia dos direitos básicos*. A baixa capacidade do Estado para assegurar as garantias dos cidadãos e sua segurança afeta o trabalho jornalístico (Ruiz, 2009). Os meios de comunicação recebem todo tipo de agressões em sociedades nas quais o Estado é incapaz de minimizar a solução violenta dos conflitos. De fato, o Estado é, às vezes, o principal agressor, dado que nos diferentes monitoramentos de agressões aos jornalistas na região, aparecem os funcionários públicos (sobretudo no nível municipal) e os integrantes de forças militares e de segurança encabeçando os rankings de agressores.[5] O enorme crescimento da so-

---

[5] Por exemplo, na análise que a Sociedade Interamericana de Imprensa (SIP, na sigla em espanhol) faz sobre a impunidade de crimes contra jornalistas no Brasil, são descritos numerosos casos nos quais os autores intelectuais dos crimes eram políticos e os autores materiais eram policiais ou militares. De um total de dezesseis crimes analisados pelos funcionários da SIP, em dez casos existe responsabilidade criminal de funcionários do Estado (sejam eles políticos, policiais ou militares), em um caso há assassinos de aluguel envolvidos e, nos outros cinco restantes, a investigação não chegou a nenhum resultado (SIP, 2007). Portanto, o Estado não só não garante a segurança para exercer o jornalismo, como diz a lei, como também dele surgem muitas das agressões.

ciedade civil nos últimos anos em várias sociedades latino-americanas comprometeu enormemente o trabalho dos meios de comunicação. Isto acontece com menos intensidade nos principais centros urbanos da região, mas é frequente nos subúrbios desses centros e no interior do país, que poderiam coincidir com as chamadas zonas marrons, isto é, espaços com pouca presença das instituições responsáveis pela lei e pela ordem (O'Donnell; 1997). A falta de uma cultura de legalidade na região, que também é uma dimensão da crise do Estado, afeta o desenvolvimento democrático dos meios de comunicação.

b) *Regulador do sistema midiático*. Um Estado com pouca qualidade não regula de maneira eficiente e transparente o sistema dos meios de comunicação. Os funcionários e as agências encarregadas de supervisionar, por exemplo, licenças dos meios audiovisuais ou questões tributárias, de crédito ou alfandegárias nos meios escritos, costumam decidir com uma alta margem de arbitrariedade estatal. Na América Latina os canais de televisão sempre tenderam a ter menos autonomia política que a imprensa escrita, porque esta última não depende do sistema de licenças. Um Estado de baixa qualidade é facilmente colonizado pelos interesses privados ou por funcionários corruptos. Essa arbitrariedade estatal de última instância causou danos ao desenvolvimento jornalístico e também contribuiu, como as ditaduras, para selecionar negativamente aqueles que podem ser os principais atores da mídia de uma comunidade. Os mecanismos de extorsão ou de pagamento de favores estão instalados no centro de um Estado que regula em função de interesses particulares e não do bem público. Finalmente, uma grande parte do universo de rádios e canais de televisão está imerso em um estado de semilegalidade.

c) *Gestor da mídia*. Com poucas exceções, os países latino-americanos administram de forma deficiente e pouco democrática os meios de comunicação estatais, da mesma forma que têm dificuldades em gerir outras atividades a cargo do aparelho estatal. Os canais de televisão, rádios e, em número menor, a imprensa escrita, a cargo de funcionários do Estado costumam reproduzir as perversões próprias de uma gestão oficial cooptada por interesses particulares ou por políticos e funcionários sectários. Em nossa região, ainda estamos longe dos modelos avançados dos meios de comunicação públicos europeus ou da América do Norte, ainda que alguns países latino-americanos já comecem a ter experiências positivas nessa área. Porém, na maioria dos países, os meios oficiais ainda não alcançaram a qualificação de meios públicos que sirvam como exemplo de pluralismo para os outros meios, de incentivo à crítica e de uma produção jornalística de qualidade. Um exemplo positivo é a TVN no Chile.

Ordem econômica. Uma economia estatal-centralizada combinada com um Estado de baixa qualidade institucional afetou o desenvolvimento econômico dos meios de comunicação. A dificuldade do setor privado para se desenvolver sem a influência estatal contribuiu para que o Estado se transformasse no ator principal do qual depende, essencialmente, a existência da mídia. Existem muitas regiões na América Latina nas quais se o Estado suspendesse de um dia para outro os fundos que aplica nos meios de comunicação quase todos ou todos faliriam. Logicamente, as negociações muitas vezes espúrias, e arbitrárias entre diretores dos meios de comunicação, jornalistas e o poder político foram e são uma das principais travas para a democratização da mídia. O problema não é de uma matriz econômica estatal-centralizada, pois existem países da Europa continental que tiveram muitos Estados ativos na economia. Mas ao ter a econômica centralizada em um Estado de baixa qualidade institucional, a arbitrariedade na conquista de áreas estatais, tanto dos funcionários públicos quanto dos privados se agrava. Isto se torna mais grave no nível local, no interior de cada país, nas periferias das megalópoles e faz com que a maioria dos meios de comunicação nesses lugares seja tão dependente do Estado que praticamente não fazem jornalismo e em alguns casos até podemos falar de jornalismo sem jornalistas. À medida que a qualidade democrática vai diminuindo, acentua-se a presença do Estado como participante efetivo e financiador dos meios, sendo um fator essencial dessa dependência a quase total ausência de um setor da economia privada que não seja dependente do Estado (Hallin e Papathanassopoulos, 2002).

Estes três condicionantes históricos que estão ligados entre si, incentivaram na América Latina uma certa seleção negativa que contribui para explicar a atual configuração dos meios de comunicação na região e sua localização particular no sistema político.

A percepção atual dominante sobre a influência da mídia

A onda democrática dos anos 80 e 90 na América Latina coincidiu com a percepção cada vez maior de que a influência dos meios de comunicação havia se superado, excedendo ou igualando em influência algumas instituições como os parlamentos, o Poder Judiciário, os partidos políticos e, inclusive, os governos popularmente eleitos. "A mídia tem uma importância política que não tinha", escreveu Alain Touraine em 1995 (Touraine, 1995: 221) e algo parecido dizem hoje praticamente todos os presidentes da América Latina. Por exemplo, Cristina Fernández de Kirchner expressou: "Hoje me atreveria a dizer que passou do quarto lugar para o primeiro ou segundo" (11/02/2009).

Na Argentina, a percepção das elites é parecida com a de seus líderes políticos. Em uma pesquisa de líderes de opinião feita pela consultoria *Poliarquía* e publicada em outubro de 2008 (Poliarquía, 2008), os "jornalistas" aparecem em terceiro lugar no ranking sobre a "influência na elaboração e implementação de políticas públicas", depois dos "sindicalistas" e dos "funcionários públicos", e três lugares na frente dos "legisladores". Em uma visão regional, Ricardo Corredor destacou que "no final dos anos 80 e durante os anos 90 aconteceu um "crescimento exponencial do poder da mídia em nossos países (o que) transformou o paradigma midiático no paradigma dominante" (Corredor, 2005: 59). Para toda a região, o relatório do PNUD sobre a democracia na América Latina é representativo desta percepção. No relatório se descreve um cenário onde "poderes de fato" condicionam o "poder das instituições políticas" e mais especificamente, dos "poderes constitucionais" (PNUD, 2004: 160-164). O estudo chega a afirmar que "os três principais riscos que poderiam ameaçar o bom funcionamento da ordem democrática" são as diferentes formas de poder econômico, "a ameaça do narcotráfico" e "os meios de comunicação" (PNUD, 2004: 161).

Em um livro posterior, também publicado pelo PNUD, Manuel Antonio Garretón escreveu que "o tratamento efetivo do poder e do Estado parece escapar das mãos dos partidos e volta-se para os poderes de fato dos meios de comunicação, das transnacionais ou da tecnoburocracia estatal" (Garretón, 2004: 388). Um dos principais responsáveis por este relatório, Dante Caputo, expressou que "a percepção (é) de que o poder está do outro lado e parte desse outro lado são os meios de comunicação que teoricamente, de acordo com esta visão, impedem o Estado de exercer o pleno poder de transformação que deveria ter" e destacou que "é um dos temas em que provavelmente está em jogo (...) o futuro da democracia" (Caputo, 2005).

A história da teoria da comunicação percorreu o século XX abrangendo dos efeitos poderosos da mídia aos efeitos menores, enquanto a teoria política parece ter percorrido o caminho inverso. De alguma forma, a percepção de que a mídia tem muito poder sobre as pessoas está baseada em uma opinião pouco positiva do cidadão. Durante muitos anos os cientistas políticos tenderam a ignorar a dimensão política da mídia e agora eles a supervalorizam. O lado bom desta onda excessiva de atenção é que ela gera muitas pesquisas que ajudarão a entender melhor a dimensão que a mídia possui na política e a dimensão política da mídia.

Como chegamos a esta percepção dominante

O que é diferente na América Latina com relação a outras zonas do mundo é que o inegável processo de democratização política que aconteceu no continente durante os anos 80 impulsionou um enorme crescimento da liberdade de expressão, ao mesmo tempo em que os meios de comunicação passavam por uma mudança tecnológica fenomenal. Ou seja, a multiplicação da capacidade de divulgar e receber informação coincidiu com um enorme crescimento da liberdade de expressão. Em outras regiões, a revolução tecnológica nos meios de comunicação começou baseada em uma história já estabelecida de liberdade de expressão, enquanto na América Latina foi um processo simultâneo (Ruiz e Waisbord, 2004: 362).

Quando a maioria dos nossos países entrou no sistema democrático, os meios de comunicação passavam por um processo de transformação e crescimento que está longe de terminar. Como foi escrito há quinze anos "na perdida década de 80, uma das poucas indústrias que cresceu na América Latina, a única na qual foram realizados grandes investimentos, foi a da comunicação" (Martín-Barbero, 1994). Outro pesquisador referiu-se à mesma tendência: "a única linha que cresce é o número de televisores por mil habitantes; cresceu 40% enquanto os salários caíram quase 40%" (Borón, 1996: 79). Os efeitos desta coincidência histórica podem ajudar a explicar a comoção que a mídia produziu em alguns atores políticos e sociais. A nova democracia política coincidiu com a disseminação da televisão como articuladora de um espaço público nacional (Protzel, 2005: 111). Os atores do espaço audiovisual se apropriaram de uma maior autonomia, aproveitando os novos ventos democráticos, ao qual se somou uma explosão dos meios. Entre estes, um fenômeno bastante visível foi o surgimento de um contínuo movimento de rádios locais de pequeno alcance – o que seria um antecedente da atual blogosfera – que formaram uma nova rede de meios de comunicação mais próximos e permeáveis à conversação social.

Esse desenvolvimento do universo midiático também coincidiu posteriormente com a onda de neoliberalismo econômico e, portanto, muitos observadores atualmente não desassociam o auge dos meios de comunicação dessa ideologia. Um intelectual kirchneirista não hesita em traçar esta relação, que é comum de se escutar na região. Diz Ricardo Forster, do grupo *Carta Abierta*: "Eu creio que o neoliberalismo é uma revolução cultural impossível de ser realizada sem o poder central da indústria do espetáculo e da comunicação, e o que poderíamos chamar de conglomerados midiáticos mais poderosos. É impossível transformar as mentalidades, construir um sentido de organização das expectativas dos indivíduos na sociedade de massas sem o papel chave dos meios de comunicação" (Perfil, 1/3/2009). Fala-se, então, de uma mercantilização da informação em que o cidadão seria rebaixado à categoria de consumidor e isto levaria a um processo de despolitização, especialmente dos setores populares.

Esta percepção de um sistema midiático muito poderoso que tem efeitos perversos sobre a política pode ser analisada separando-a da seguinte forma: os *políticos profissionais* possuem uma imagem ruim, as *identidades políticas* são mais frágeis, os *partidos políticos* perderam funções, os *congressos* têm menos influência no poder e os *governos* são menos governos. Vejamos de que forma a mídia incide em cada uma destas faces da degradação da política democrática:

(a) *Imagem ruim da atividade política*. A mídia é acusada de criar uma cultura antipolítica e promover uma sociedade de consumo que tira o sentido coletivo da vida em comunidade. "Na televisão, fala-se com muito mais frequência de detergentes ou alimentos do que de escolas, hospitais ou pessoas dependentes, o que provoca um retrocesso nos debates políticos", escreveram em meados dos anos 90 (Touraine, 1994: 198). Este é um dos lugares-comuns da bibliografia da América Latina: o mal-estar relativo à política promovido pelos meios de comunicação (Mauro Porto, 2000; De la Torre and Conaghan, 2009: 339-340). Este debate é parecido ao existente nas democracias mais desenvolvidas sobre a chamada *media malaise* (Sartori, 1992; Patterson, 1993; Putnam, 2000; Norris, 2000). Os meios de comunicação teriam tirado o conteúdo da vida política ao enfraquecer a sua dimensão racional e letrada a favor de uma política do espetáculo, puramente formalista, emocional, onde o mais importante é a imagem. Cerbino e Ramos acrescentam a "des-historização", a "diferenciação moralizante entre o normal e o anormal" e os "critérios do que se deve noticiar relacionados com a novidade, a singularidade e o exótico dos acontecimentos", e assim "os meios de comunicação de massa contribuíram para instalar um conjunto de concepções políticas nas quais os confrontos ideológicos, os projetos coletivos e os processos de mobilização e organização comunitária desaparecem – ou se descaracterizam – na cena política representada por eles" (Cerbino e Ramos, 2009: 47). E esta representação midiática negativa da política seria agravada quando os políticos se apresentam com um discurso revolucionário. Os governos, os partidos e os movimentos com uma orientação reformista ou revolucionária de esquerda apontam os meios de comunicação como integrantes do bloco mais à direita da sociedade e, portanto, com todo direito, tratam-nos como rivais políticos.

Contudo, essas características sempre estiveram associadas à política e é difícil na América Latina ou em qualquer lugar do mundo não associar esses adjetivos à política, desde Ramsés II até a era de Barack Obama. Por outro lado, a personalização, a emoção exagerada e o espetáculo também podem ser apresentados como mecanismos para vincular os cidadãos à política, e não o contrário, ou seja, através da tentativa de fazer com que a sociedade olhe para a democracia sem refletir. Os meios de comunicação costumam responder que defendem a política dos próprios políticos profissionais. O jornal *El Comercio*, de Quito, responde, por exemplo, dizendo: "Como é possível a imprensa não ser perversa quando tem a responsabilidade de denunciar os abusos de poder, as falcatruas dos políticos, o tráfico de influência, os abusos dos 'compadres', 'comadres', do primo ou do cunhado" (10/02/2009). Do âmbito político, porém, a percepção é de que o questionamento da mídia é tão generalizado e maniqueísta que a política como atividade fica desprestigiada, a despeito dos casos particulares de corrupção e reconhecida ineficiência.

Os meios de comunicação são uma das principais usinas de construção de representações da realidade política. A partir de situações complexas, oferecem sinais, palavras e imagens simplificadas que terminam propondo sentidos. Mas os atores sociais e políticos também produzem e divulgam representações sociais sobre a política e não só sobre a mídia. Por exemplo, em campanhas eleitorais, os candidatos, com a necessidade de se diferenciar, dedicam-se com afinco a representar a política como algo negativo que eles se comprometem a mudar caso sejam eleitos. É provavelmente tão certa a pouca discriminação da mídia em sua crítica à política e as instituições, como a própria responsabilidade dos políticos na difusão dessa representação negativa.

Assim como as instituições propriamente políticas, como os partidos, não possuem o monopólio da representação política, as instituições da mídia também não têm o monopólio da criação e circulação das representações sociais. Nem o espaço político é uma zona exclusiva dos políticos, nem o espaço midiático é exclusivo dos meios de comunicação.

(b) *Partidos*. Na América Latina, a chamada decadência dos partidos políticos coincide com o processo de ascensão dos meios de comunicação. Na medida em que aumenta a proporção de cidadãos menos identificados com organizações partidárias, parece crescer sobre eles a influência dos meios de comunicação. Os países que passaram por ditaduras nos anos 60 e 70, tiveram durante os anos 80 os partidos políticos começando a reconstruir sua base social no mesmo momento em que a televisão se expandia, adquiria maior autonomia política e se fortalecia como nunca. Os partidos como meios de comunicação eram desafiados frontalmente pela televisão e outras formas de representação da opinião pública. O enfraquecimento das identidades políticas deu poder à mídia e tirou-o dos partidos, cuja capacidade de contenção por essa razão diminuiu. As funções clássicas dos partidos foram desafiadas pelos meios de comunicação. Por exemplo, a liderança da oposição, a mediação e junção de interesses, a indicação dos candidatos, o controle da campanha eleitoral ou a capacidade de definição da agenda pública eram funções que nos anos 60 e 70 os partidos acreditavam dominar quase sem competição (Filgueira e Nohlen, 1994). Atualmente, essas funções são muito disputadas. Por exemplo, são inúmeros os candidatos que declaram depois de uma eleição que seu principal rival foi "a imprensa"; ou os governos que mencionam a imprensa como o principal opositor; e também o surgimento cada vez maior dos chamados "candidatos midiáticos".

De qualquer forma, as situações políticas atuais em cada país têm mais raízes partidárias do que as que são reconhecidas pelas análises que costumam ser feitas. A maioria dos presidentes saiu de bases partidárias fortes. Quem possui o poder político na região são organizações políticas arraigadas e nada virtuais, como o peronismo na Argentina, a Aliança Popular Revolucionária Americana (APRA) no Peru, o socialismo e a democracia cristã no Chile, o Partido Ação Nacional (PAN) no México, o Partido Liberação Nacional (PLN) na Costa Rica, o Farabundo Martí de Liberação Nacional (FMLN) em El Salvador, o sandinismo na Nicarágua, o Partido dos Trabalhadores (PT) no Brasil, a Frente Ampla no Uruguai, e o Movimento ao Socialismo (MAS) na Bolívia. Na América Latina, não governam os canais de televisão, mas partidos fortes e com raízes sociais, o que demonstra que são instrumentos políticos reais e não virtuais. Além disso, vários dos atuais presidentes obtiveram seus primeiros mandatos ou reeleições fazendo campanha contra a mídia. Evo Morales, Lula, Cristina Kirchner, Ortega, Mauricio Funes, Chávez, Bachelet ou Tabaré Vázquez venceram frente ao supostamente invencível poder de determinação de agenda e representações sociais da grande imprensa tradicional. A interessante quantidade de estudos sobre as coberturas eleitorais nas últimas eleições latino-americanas – às vezes feitos com financiamento de observadores internacionais – oferecem provas empíricas para relativizar o supostamente onipresente poder da mídia.

(c) *Os parlamentos*. A mídia tirou o papel central do Congresso ao substituí-lo como principal arena de debates. Nem as sessões parlamentares, nem o trabalho nas diferentes comissões parecem despertar o mesmo interesse que em épocas passadas. Os legisladores indicam que esse deslocamento tirou-os da agenda pública. Em alguns países da região, os parlamentos – assim como os partidos – sobrevivem melhor, mas existe um deslocamento geral do lugar que ocupam no cenário político. A mídia é o cenário principal. Assumir uma banca ou uma cadeira através do voto popular aparece como a primeira fase para alcançar a representação real, mas é insuficiente. À medida que esse legislador é capaz de comunicar a sua representação através dos meios de comunicação é que ele passa a ser visto como um "verdadeiro" representante. Assim, os legisladores tornam-se mais dependentes dos meios para poder comunicar a sua representação formalizada pelo voto e desta forma, torná-la mais real. Aqui, a disputa pela representação é mais forte. Entre legisladores e jornalistas trava-se a luta para ver quem representa mais o povo. Por outro lado, a lógica midiática imprime uma velocidade e um personalismo aos acontecimentos políticos que torna difícil a um corpo colegiado tão complexo poder cumprir essas regras do jogo da visibilidade pública e, então, uma nuvem cada vez maior parece cobrir as atividades parlamentares. Para piorar, os próprios parlamentos têm dificuldade de elaborar políticas institucionais de comunicação que os tornem mais visíveis (Ruiz, 2000). Isto também costuma ocorrer com os diferentes corpos legislativos locais.

(d) *Os governos*. Assim como expressou o PNUD em seu relatório de 2004 e como também foi sugerido por alguns colaboradores de um novo estudo coletivo publicado em 2008 (PNUD, 2008), trata-se de discutir e entender "o escasso poder que têm na América Latina os governos democraticamente eleitos e, em geral, os Estados, para avançar na democratização de seus respectivos países" (O'Donnell, 2008: 32). Diante desse problema, O'Donnell indica um campo de batalha fundamental: "Quem administra a agenda (o que vai ser discutido, por quem e em que termos) quase ganhou a partida" (O'Donnell, 2008: 37).[6] Com raras exceções, os argumentos dos atores políticos e do mundo acadêmico se juntam para responsabilizar os meios de comunicação, pelo menos parcialmente, pelo esvaziamento do poder democrático. Os governos costumam ver a imprensa como um dos seus principais focos opositores, talvez o principal. "A oposição no Peru são os jornais, e tudo bem", comentou Alan García, dirigindo-se ao principal jornal do

---

[6] A discussão sobre quem tem o poder de determinar a agenda pode ser fácilmente encontrada na bibliografia internacional. Duas posições opostas estão representadas por Chomsky e Herman (controle) e McNair (caos). (Chomsky e Herman, 1990; McNair, 2006)

país, *El Comercio* (11/05/2008); o presidente Rafael Correa destacou que os meios de comunicação são "o primeiro obstáculo para conseguir fazer mudanças na América" (20/02/2009); a ministra do Interior de Tabaré Vázquez, Daisy Tourné, questionou a mídia pelo seu "desespero pela polêmica" (12/02/2009); Cristina Kirchner referiu-se à "obsessão planejada (da mídia) para acabar com a esperança" (16/02/2009); e também o mesmo Alan García perguntou-se, diante das críticas dos jornais, "qual é o fatalismo masoquista de mentes tão doentes, os pássaros de mau agouro que querem que os peruanos se sintam mal o tempo todo" (23/10/2007). Os meios de comunicação se transformaram em uma "restrição ao processo democrático", de acordo com o representativo relatório do PNUD, já que "têm capacidade de criar uma agenda, de predispor a opinião pública a favor ou contra diferentes iniciativas e de denegrir a imagem de figuras públicas mediante a manipulação de denúncias" (PNUD, 2004: 162). Os governos percebem que a luta pela agenda e pela representação social da obra de governo é muito sanguinária e que as suas vitórias têm uma duração muito curta, frente ao aparecimento de novos escândalos que os obrigam a dedicar esforços à defesa e reparação de danos na reputação, do que à gestão das políticas públicas (Blair, 2007). A mídia seria então uma máquina para deslegitimar os poderes eleitos que iria desgastando-os paulatinamente até colocá-los no limite da governabilidade, instância na qual torna-se impossível qualquer política substantiva de mudança do *status quo*.

Estratégias dos políticos para recuperar a política

A partir desta visão da colonização midiática, foi crescendo o consenso sobre a necessidade de "libertar" a política. Para isto, a despeito de seu próprio perfil ideológico, os políticos profissionais desenvolveram estratégias parecidas de recuperação da autonomia política. Logicamente, nem todos os presidentes aplicam este modelo da mesma forma. Em geral, de acordo com a cultura democrática de cada país e de cada político será diferente a intensidade e a combinação entre as diferentes estratégias disponíveis. Algumas destas iniciativas também são apresentadas como formas de melhorar a representação e democratizar o sistema midiático.

Este processo de recuperação da iniciativa por parte dos políticos é percebido nas seguintes características que podem ser generalizadas, sem incorrer em muitos riscos, na América Latina:

(a) *Estigmatização dos meios de comunicação como atores políticos/ econômicos*
Cresce o discurso crítico dos governantes e dos políticos a respeito dos meios de comunicação e dos jornalistas. Nos primeiros momentos da transição democrática, os meios – inclusive muitos dos que apoiaram claramente as ditaduras – não sofriam muitas críticas políticas. Agora, praticamente todos os presidentes da América Latina têm um discurso crítico sobre a mídia e a veem como arma da oposição, de Hugo Chávez e Oscar Arias, até Tabaré Vázquez ou Álvaro Uribe. Estigmatizar, neste caso, é tentar construir a representação social de que a mídia não merece tanta credibilidade como alguns cidadãos lhe atribuem e, dessa forma, diminuir a sua influência. Aqui, estigmatizar também é uma forma de delimitar e controlar o poder do jornalismo, incitando a sociedade a desconfiar das intenções de sua atuação política. Oscar Arias, presidente do país com a maior tradição democrática da região, também participa da atual onda de críticas em relação à mídia: "Nada nos faz supor que os meios de comunicação respondem de maneira única ou sequer fundamental ao interesse público. São apenas empresas, corporações que procuram gerar lucros". (*La Nación*, Costa Rica, 28/08/2009).

(b) *Aplicação e/ou reforma do marco regulatório*
Depois de muitos anos evitando reformas de base sobre o marco regulatório para ordenar, por exemplo, a concessão das licenças de rádio e televisão, estão sendo sancionados em muitos países da região novos marcos regulatórios ou pelo menos os debates estão avançados no sentido de concretizá-los. Até o início dos anos 90, em muitos países, existia uma proibição não manifesta em muitas legislaturas no sentido de definir um marco regulatório das empresas de rádio e televisão. Além disso, hoje em dia a discussão sobre a renovação das licenças dos grupos de mídia é mais aberta. De fato, desde o sucedido em 2007 com a não renovação da licença de uma emissora de televisão tão tradicional na Venezuela como a *Radio Caracas Televisión* (RCTV), parece ter terminado a era das renovações automáticas. Os maiores grupos de mídia da

região, entre eles Televisa, Globo ou Clarín sabem que as renovações de licença serão cada vez mais difíceis. Em alguns países onde o Estado é de melhor qualidade, como o Chile ou o Uruguai, a aplicação das normas é menos arbitrária que nos países onde os governos têm na mira os meios de comunicação que percebem como inimigos para aplicar-lhes, com rigor, antigos ou novos marcos regulatórios.

(c) *Fortalecimento das equipes de comunicação política*
Cada vez as equipes de comunicação oficiais são mais sofisticadas em suas técnicas de redefinir as regras do jogo em benefício dos governos. A presidente argentina viaja acompanhada de uma equipe de televisão própria que envia as imagens diretamente aos noticiários. Também é habitual que a centralização da notícia seja um dos segredos. Funcionários nicaraguenses perderam seus empregos por falar sem autorização com os meios de comunicação privados. Rosario Murillo (esposa de Daniel Ortega e encarregada da comunicação governamental) indicou que "quer que o governo fale com uma só voz. É só uma questão de estilo" (CPJ, 2009). As equipes de comunicação política tentam tomar para si a iniciativa frente à mídia para vencê-la em sua própria lógica.

(d) *Cooptação dos meios comerciais ou sociais*
Vários governos da região desenvolveram táticas variadas para criar meios de comunicação próprios ou para ter maior ingerência nos meios privados ou do terceiro setor. A publicidade oficial é um dos mecanismos essenciais para se ter uma influência decisiva nos meios privados, ainda que, em geral, essa política possa não ser tão eficaz com os meios mais poderosos do país, que costumam ter sua sustentação principal no setor privado, ainda que também possam ter contratos suculentos com o Estado.[7] Em países como a Venezuela e a Bolívia, o estímulo ao desenvolvimento de meios de comunicação audiovisuais comunitários, às vezes, também faz parte da política de desenvolver uma mídia que tenha afinidade com o governo e que lute pelas representações sociais, que é o terreno-chave no qual se trava a batalha política.

---

[7] No Chile a situação é inversa. A maioria da publicidade oficial na imprensa escrita é dirigida aos meios menos identificados com o governo, os grupos *El Mercurio* e *Copesa*. Foi criada uma comissão parlamentar, denominada Comissão Investigadora sobre Publicidade Estatal, que publicou um relatório que sugere reverter essa situação.

(e) *Desenvolvimento dos meios de comunicação do Estado*
A bonança fiscal dos últimos anos em vários países também serviu para fortalecer e ampliar a mídia do Estado. Os governos do Chile e do Peru já tinham gráficas próprias. Agora também os governos do Equador, Honduras, Bolívia e Venezuela desenvolvem iniciativas de jornalismo governamental. Principalmente os governos que se sentiram acossados pelos meios privados tiveram mais pressa em desenvolver essas iniciativas. Alguns países como a Bolívia ou o Equador, que praticamente não tinham um setor importante de meios audiovisuais, agora o estão desenvolvendo. Outros, como o Brasil, Venezuela, Argentina, Uruguai ou México, que já possuíam este tipo de setor, o estão fortalecendo. Em alguns países, a retórica oficial constrói esses meios como armas na batalha de ideias contra os meios privados e em outros como meios públicos que deverão funcionar como meios testemunhais para um mercado midiático que tem que se abrir cada vez mais ao pluralismo de vozes.

(f) *Desenvolvimento da comunicação direta*
Uma forma de ter autonomia em relação à lógica da mídia é evitar ser inquirido pelos jornalistas. Neste sentido, os governos da região desenvolveram mecanismos de comunicação direta que os permitem chegar "sem ruído" aos cidadãos. Outras vezes, nesta política, coincidem antagonistas ideológicos como Hugo Chávez com suas reuniões com funcionários no Alô, Presidente e Álvaro Uribe com seus Conselhos Comunais transmitidos pela televisão. O púlpito pelo qual Cristina Kirchner se dirige ao povo também é parecido com o programa de rádio semanal de Rafael Correa. O documento Estratégia de Comunicação do governo nicaraguense, expressa: "será criado um programa semanal (transmitido por rádio e televisão), para que nossa liderança nacional e local se reúna com as pessoas em um distrito, bairro ou município, e aborde os problemas locais, escute as propostas dos moradores e se acordem soluções, criando experiências de participação e decisão cidadã". Uribe faz a mesma coisa e ele não tem precisamente uma afinidade ideológica com Ortega. Dado que o progresso da revolução tecnológica nas comunicações está fazendo com que a comunicação interpessoal seja cada vez mais associada à comunicação de massa, os governos e os políticos certamente desenvolverão mecanismos cada vez mais diretos para chegar até nós.

Esta tensão é democratizante ou não?

A tentativa de "libertar" a política da influência da mídia pode melhorar ou piorar a qualidade democrática de acordo com o que se tente realizar. Logicamente os meios de comunicação e outros atores políticos e sociais não são passivos. De fato, para cada uma das iniciativas recentemente planejadas, parece estar sendo construída uma resposta precisa, na forma de mecanismos neutralizadores.

Assim funcionam as fronteiras móveis da relação entre políticos e jornalistas. Frente à tentativa de estigmatizar, a resposta dos meios de comunicação em geral tenta enquadrar esta discussão como uma questão de liberdade de imprensa, ocultando muitas vezes a dimensão de ator político que possuem. Em face à reforma do marco regulatório, a resposta é pedir a maior autonomia possível frente à autoridade reguladora e assegurar o pluralismo oficialmente declarado. Frente ao fortalecimento das equipes de comunicação política, a resposta é tentar realizar o que se chama *process journalism*, em que se mostra todo o processo oculto da operação jornalística que produz a notícia. Frente à cooptação dos meios privados e comunitários, a resposta é viabilizar ao máximo as medidas legais no uso da publicidade oficial e a clientelização dos meios privados ou sociais. Em face do desenvolvimento dos meios de comunicação do Estado, a resposta é pressionar para pluralizar esses meios para que não sejam simples ferramentas governamentais. E frente ao desenvolvimento da comunicação direta dos políticos, a resposta é pedir uma legislação de acesso à informação e coletivas de imprensa onde os jornalistas possam perguntar.

A bússola nas fronteiras móveis

Esta tensão entre a mídia e os políticos é democratizante na medida em que fortalece a qualidade democrática do sistema dos meios de comunicação. Para medir os efeitos desse processo na democracia propomos três indicadores como orientação:

(a) *A abrangência das vozes*. Não é difícil perceber quando as vozes da mídia diminuem. Quando a política governamental consiste em fechar um meio de comunicação é possivelmente verdade que isto esteja ocorrendo. Quando, pelo contrário, consiste em criar novos meios de comunicação, é possível que esteja acontecendo o oposto. O sistema midiático mais democrático é o que inclui mais vozes. Tirar as barreiras iniciais é um mecanismo óbvio para impulsionar a representatividade da mídia. É notável como na medida em que se analisam as zonas de menor qualidade democrática, a concentração dos meios de comunicação costuma ser maior e o pluralismo, sobretudo no espaço audiovisual, menor, chegando inclusive a desaparecer.

(b) *Capacidade de criticar todos os poderes.* No decorrer da história existiram poderes com eficiência e poder suficientes para ficar de fora do escrutínio público. A democratização do sistema dos meios de comunicação implica que todos os responsáveis pela vida pública, do Estado ou fora dele, devem ser visíveis e passíveis de exame. Por definição, uma sociedade aberta protege e incentiva o processo crítico, entendido como a difusão da voz das "vítimas", reais ou autopercebidas, em um regime político. A crítica é a voz das vítimas ou dos que falam em seu nome. É ela que estimula o processo de questionamento que cria o processo democrático. Nas sociedades fechadas, o processo crítico não é estimulado, mas sim penalizado. A expressão crítica não é entendida por esse sistema midiático fechado como uma expressão do desejo de aprimoramento social contínuo, mas sim, como um vírus destrutivo.[8]

(c) *O fortalecimento da base informativa comum (BIC).* Um sistema midiático pode ter meios de comunicação que representem a maioria dos setores sociais, mas que possuem uma baixa qualidade democrática. Isto acontece, por exemplo, em países onde a mídia está muito polarizada. Tão importante quanto estar representado por algum meio de comunicação é a mídia ser capaz de oferecer informação crível, ao mesmo tempo, para os diferentes setores do antagonismo político. Dessa forma, é possível construir um debate construtivo. Por exemplo, na Venezuela, Bolívia, Nicarágua ou Equador, é cada vez mais difícil encontrar um mesmo meio de comunicação que seja crível para o governo e a oposição.[9] Assim, os meios de comunicação constroem mundos paralelos nos

---

[8] O exemplo mais claro na América Latina é Cuba, onde a crítica pública tende a ser criminalizada (Ruiz, 2003).
[9] Um bom exemplo de país onde os meios de comunicação são representativos, mas **não** cumprem os requisitos da Base Informativa Comum é a Bolívia. Em uma recente entrevista,

quais é cada vez mais difícil encontrar dois cidadãos que façam parte de blocos políticos opostos. O jornalismo profissional é treinado para construir essa base informativa comum, mas quando a polarização é promovida, a tendência é diluir esta base informativa comum. Como diz um pesquisador sobre o caso venezuelano, está aumentando "o jornalismo de uma única fonte" (Cañizalez, 2009: 238).

O sistema midiático mais democrático é o que mais consegue desenvolver estes três indicadores. Se existe representatividade popular, se a crítica a respeito de qualquer poder é incentivada e se existe uma base informativa comum que permita o diálogo construtivo, a tensão entre os meios de comunicação e a política é democratizante. Esta relação é uma fronteira móvel, que deslocou-se de um lado para outro desde o fim da era colonial, de acordo com a velocidade de aprendizado dos diferentes atores. Estes três indicadores são propostos para criar uma bússola que nos permita saber se estamos avançando ou não no processo de construção democrática dentro do sistema dos meios de comunicação.

Julio Peñaloza, gerente de informações do canal estatal *Bolivia TV* disse: "Na Bolívia existe um exercício democrático tão extraordinário que as pessoas *zapeiam* pelos noticiários da televisão e dizem: 'O canal estatal é o que reflete as opiniões, os critérios ou a informação governamental. Unitel é o canal que reflete a opinião da direita e dos setores empresariais privilegiados. Eu, como espectador, tiro minhas conclusões'."(14/9/2009). Não existe no país nenhum meio de comunicação que possa servir de referência informativa comum a dois cidadãos que estão em lados diferentes do processo polarizador.

Bibliografía

Becerra, Martín e Mastrini, Guillermo. *Los dueños de la palabra. Acceso, estructura y concentración de los medios en América Latina del Siglo XXI*, Prometeo Libros, Buenos Aires, 2009.

Bisbal, Marcelino. "El Estado-comunicador y su especificidad. Diagnóstico inacabado y estrategias", *Comunicación*, Centro Gumilla, Segundo Trimestre, pp. 60-72, 2006.

Bisbal, Marcelino. (ed.) *Hegemonía y control comunicacional*, Editorial Alfa/UCAB, Caracas, 2009.

Bonner, Michelle. "Media as social accountability. The case of political violence in Argentina", *The International Journal of Press and Politics*, vol. 14, número 3, 2009.

Borón, Atilio. "Democracia y ciudadanía", em: Gaveglio, Silvia e Manero, Edgardo (Comp), *Desarrollos de la Teoría Política Contemporánea*, Homo Sapiens, Ediciones, Rosario, 1996.

Blair, Tony. Discurso na agência Reuters, *BBC*, 12/7/2007. 2007. Disponível em: http://news.bbc.co.uk/1/hi/uk_politics/6744261.stm.

Calmon Alves, Rosental. "Democracy's Vanguard Newspapers in Latin America". Trabalho apresentado na 47º Conferência Anual da Associação Internacional de Comunicação, Montreal, Canadá, 1998.

Cañizález, Andrés. "La era Chávez: notas para una historia política del periodismo venezolano", em: Bisbal, Marcelino, (ed.) *Hegemonía y control comunicacional*, Editorial Alfa/UCAB, Caracas, 2009, pp. 219-240, 2009.

Cañizález, Andrés (coord.). *Tiempos de cambio. Política y comunicación en América Latina*, UCAB, Caracas, 2008.

Caputo, Dante. "Control de la información y democracia", Sala de imprensa, 2005. Disponível em: http://www.saladeprensa.org/art636.htm.

Cerbino, Mauro e Ramos, Isabel. "Medios de comunicación y despolitización de la política en Ecuador", em: Cañizalez, Andrés, *Tiempos de cambio. Política y comunicación en América Latina*, UCAB, Caracas, pp. 46-61, 2009.

Cheresky, Isidoro (comp.). *La política después de los partidos*, Prometeo, Buenos Aires, 2008.

Chomsky, Noam e Herman, Edward. *Los guardianes de la libertad*. Grijalbo Mondadori, Barcelona, 1990.

Committee to Protect Journalists (CPJ). *La Guerra de Daniel Ortega contra los medios*. New York, 2009. Disponível em: http://cpj.org/es/2009/07/la-guerra-de-daniel-ortega-contra-los-medios.php.

Corredor, Ricardo. "De la retórica a la ciberpolítica", *Metapolítica*, nº 40, pp. 56-61, 2005.

Cottle, Simon. "Reporting demostrations: the changing media politics of dissent", *Media, Culture & Society*, vol. 30 (6), pp. 853-872, 2009.

Cook, Timothy. *Governing with the news: The news media as a political institution*. Chicago, University of Chicago Press, 1997.

De la Torre, Carlos e Conaghan, Catherine. "The Permanent Campaign of Rafael Correa: Making Ecuador's Plebiscitary Presidency", *The International Journal of Press/Politics*, vol. 13, nº 3, pp. 267-284, 2009.

Filgueira, Carlos e Nohlen, Dieter (comp.). *Prensa y transición democrática. Experiencias recientes en Europa y América Latina*. Iberoamericana, Madri, 1994.

Garreton, Manuel A. "La indispensable y problemática relación entre partidos y democracia en América Latina", em PNUD: *"La democracia en América Latina. Hacia una democracia de ciudadanas y ciudadanos. Contribuciones para el debate*. Buenos Aires, Aguilar, 2004.

Hallin, Daniel e Stylianos Papathanassopoulos. "Political Clientelism and the Media: Southern Europe and Latin America in Comparative Perspective", *Media, Culture and Society*, vol. 24, pp. 175-195, 2002.

Hughes, Sallie. "From the Inside Out. How Institutional Entrepreneurs Transformed Mexican Journalism". *Press/Politics*. Harvard University, 8 (3), pp. 87-117, 2003.

Hughes, Sallie e Lawson, Chappel. "The Barriers to Media Opening in Latin America", *Political Communication*, (22), pp. 9-25, 2005.

Huntington, S.P., e Domínguez, J.I. "Political development", em F. Greenstein e N. Polsby, comps., *Handbook of political science*, vol. 3, *Macropolitical theory*, 1-114, Reading: Addison-Wesley, 1975.

Maia, Rousiley. "Mediated deliberation. The 2005 referendum for banning firearms sales in Brazil", *International Journal of Press and politics*, 2009.

Mainwaring, Scott, Bejarano, Ana Maria e Pizarro Leongomez (eds.). *The Crisis of Democratic Representation in Los Andes*, Stanford University Press, Stanford, 2006.

Martin-Barbero, Jesús. "La comunicación plural: alteridad y sociabilidad", em *Diálogos de la Comunicación*, 40, pp. 72-79, 2004.

McNair, Brian. *Cultural Chaos: Journalism and Power in a Globalised World*, Taylor & Francis eBook Publish Date: October 03, 2007, 2006.

Norris, Pippa. *A Virtuous Circle. Political Communications in Postindustrial Societies*, Cambridge University Press. Cambridge, 2000.

Novaro, Marcos. *Representación y liderazgo en las democracias contemporáneas*, HomoSapiens Ediciones, Rosario, 2000.

O'Donnell, Guillermo. "Acerca del estado, la democratización y algunos problemas conceptuales. Una perspectiva latinoamericana con referencias a países poscomunistas", em: *Contrapuntos: Ensayos escogidos sobre autoritarismo y democratización*, Paidos, Buenos Aires, 1997.

O'Donnell, Guillermo. "Hacia un Estado de y para la democracia", em: *Democracia, estado y ciudadanía. Hacia un Estado de y para la democracia en América Latina*. PNUD, Contribuições ao debate, vol. II, Lima, 2008.

Patterson, Thomas E. *Out of Order. An incisive and boldly original critique of the news media's domination of America's political process*, Alfred A. Knopf, Nova York, 1993.

PNUD. Programa das Nações Unidas para o Desenvolvimento. *La democracia en América Latina. Hacia una democracia de ciudadanas y ciudadanos*, 2004. Disponível em: http://democracia.undp.org/Informe/Default.asp?Menu=15&Idioma=1.

PNUD. Programa das Nações Unidas para o Desenvolvimento. *Democracia, estado y ciudadanía. Hacia un Estado de y para la democracia en América Latina*, Contribuições ao debate, vol. II, Lima, 2008.

Poliarquía. *Encuesta de líderes de opinión*, outubro, Buenos Aires, 2008.

Porto, Mauro P. "TV news and political change in Brazil: The impact of democratization on TV Globo's Journalism", *Journalism*, Vol. 8, n. 4, pp. 381-402, 2007.

Protzel, Javier. "Changing political cultures and media under globalism in Latin America", em: Hackett, Robert e Zhao, Yuezhi *Democratizing Global Media: One World, Many Struggles*, (ed). Rowman & Littlefield, 2005.

Putnam, Robert. *Bowling Alone: The Collapse and Revival of American Community*, Simon & Schuster, Nova York, 2000.

Ruiz, Fernando J. (comp.). *Prensa y congreso. Trama de relaciones y representación social*. La Crujía, Buenos Aires, 2001.

Ruiz, Fernando J. *Otra grieta en la pared. Informe y testimonios de la nueva prensa cubana*, La Crujía, Buenos Aires, 2003.

Ruiz, Fernando J. e Waisbord, Silvio. "De la era de las dictaduras a la era de las democracias", em: Barrera, Carlos (ed.), *Historia del periodismo universal*, Editorial Ariel, Barcelona, pp. 355-373, 2004.

Ruiz, Fernando J. *Indicadores de Periodismo y Democracia a Nivel Local en América Latina*, Universidade Austral /Cadal, nº 1 a 10, 2004-9. Disponível em: http://www.cadal.org.

Sabato, Hilda. *La política de las calles. Entre el voto y la movilización, Buenos Aires: 1862-1880*, Universidade Nacional de Quilmes, Buenos Aires, 2005.

Sartori, Giovanni. *Videopolítica. Medios, información y democracia de sondeo*. FCE, México, 1992.

Schudson, Michael. *The Good Citizen. A Historic of American Civic Life*, Nova York, The Free Press, 1998.

SIP. Resolución Impunidad Brasil. *63° Asamblea General de la Sociedad Interamericana de Prensa (SIP)*, Miami, 2007.

Smulovitz, Catalina e Peruzzotti, Enrique. "Societal accountability in Latin America", *Journal of Democracy*, vol. 11, n° 4, outubro 2000.

Touraine, Alain, *¿Qué es la democracia?*, FCE. Buenos Aires, 1995.

Waisbord, Silvio. "Democratic Journalism and 'Statelessness,'" *Political Communication*, (24), pp. 115-129, 2007.

Waisbord, Silvio. "Periodismo y democracia donde no hay Estado", em: Cañizález, Andrés (coord.) *Tiempos de cambio. Política y comunicación en América Latina*, Publicaciones UCAB, Caracas, pp. 203-226, 2009.

Whitehead, Lawrence. "Variabilidad en la aplicación de derechos: una perspectiva comparada", em: *Democracia, Estado y ciudadanía. Hacia un Estado de y para la democracia en América Latina.* PNUD, Contribuições ao debate, vol. II, Lima, 2008.

Giro para a esquerda, populismo e ativismo governamental na esfera pública midiática da América Latina

Philip Kitzberger

Introdução e caracterização do modelo

Com a mudança de século surgiram em boa parte da América Latina governos identificados com slogans e programas de esquerda e, entre alguns deles, formas e práticas com características populistas. A despeito da pretensão comum de pertencer a uma nova esquerda regional, estes governos diferem bastante no que diz respeito à origem, estilo, discurso, formas de convocação popular, base social, alianças de interesses e alianças políticas (Levitsky e Roberts, 2008).

Um dos traços mais marcantes destas novas experiências políticas é o acúmulo de numerosos episódios públicos e subterrâneos de conflitos com a imprensa e os meios de comunicação. É importante perguntar se estes episódios de radicalização e polarização que envolvem, por um lado, atores governamentais que utilizam estratégias de confrontação e, por outro, a mídia e os jornalistas que radicalizam os seus papéis de oposição, constituem alguma novidade para a região e para o universo dos regimes democráticos.

Estas "guerras midiáticas" abertamente combatidas não escaparam aos olhos de vários observadores. No entanto, entre eles predominaram enfoques bastante politizados e radicais. Por um lado, as causas que serviram de gatilho às dialéticas governo-imprensa foram atribuídas aos estilos populistas e autoritários de chefes de Estado como Chávez, Morales, os Kirchner ou Rafael Correa, que são vistos como incompatíveis com os padrões ocidentais ou democrático-liberais da liberdade de imprensa. Por outro lado, algumas interpretações sugerem que nos países em que houve um giro político para a esquerda, os opositores às agendas reformistas dessas novas experiências políticas, órfãos de outros instrumentos políticos, deram um novo caráter aos conglomerados dos meios de comunicação e a grande imprensa como "grupos de combate na linha de frente", em uma amarga luta pelos "corações e mentes", na qual a estratégia dominante é negar legitimidade e desacreditar a autoridade das novas lideranças políticas regionais (O'Schaughnessy, 2007).

Entre os casos que com mais clareza parecem compartilhar estes traços se encontram a Venezuela, a Bolívia e o Equador. Todos eles poderiam ser identificados como as versões populistas da esquerda latino-americana contemporânea (Petcoff, 2005, Castañeda, 2006).[1] Entretanto, por trás deste rótulo, existem diferenças importantes: o governo boliviano é baseado em uma forte mobilização a partir da base, que abrange movimentos sociais e identidades indígenas. Chávez e Correa, pelo contrário, se sustentam em uma mobilização a partir de cima, encabeçada por *outsiders* da política de partidos (um provém das Forças Armadas, outro da área acadêmica), cuja chegada ao poder foi resultado de um colapso dos partidos políticos tradicionais. O governo Kirchner também surgiu de uma crise de representação política, mas seu governo se mantém – em tensão com sua pretensão original de representar uma "nova política" – na máquina política do partido peronista que sobreviveu ao colapso de 2001. Assim como diferem em suas bases organizadoras e sociais, também divergem de maneira significativa em suas

---

[1] Em países como Brasil e Uruguai, a chegada de partidos de esquerda ao governo também levou a um aumento dos conflitos com a imprensa e a mídia em geral. No entanto, e apesar de algumas possíveis semelhanças, o conflito não alcançou níveis de radicalização e polarização como os casos aqui discutidos.

políticas, especialmente no que se refere à economia (Levitzky e Roberts, 2008). Apesar dessas divergências, ainda tem sentido chamá-los de populistas na medida em que compartilham a presença de fortes lideranças personalistas e, sobretudo, um discurso populista, isto é, um discurso que apela para uma noção de "povo" como identidade que se constitui por antagonismo a um bloco de poder dominante (Laclau, 1977).

Na América Latina, os assim chamados neopopulistas como Menem, Collor ou Fujimori, durante o período do auge neoliberal, ou outros contemporâneos como Álvaro Uribe na Colômbia, apoiaram-se abundantemente em formas de ativismo midiático para lutar pelo apoio da opinião pública (Weyland, 1999; Gómez Giraldo, 2005). Suas posturas pró-mercado nem sempre lhes garantiram cobertura favorável e assim recorreram a recursos que vão desde apelações carismáticas até formas de pressão legal e à margem da legalidade com relação à imprensa (Waisbord, 2003; Conaghan, 2005).

Comparados a estes neopopulismos, os populismos de esquerda aqui considerados apresentam traços bem diferentes. Em primeiro lugar, utilizaram novas formas específicas de comunicação direta (sendo o Alô, Presidente de Hugo Chávez o exemplo inicial) rejeitando, simultaneamente, convenções de mediação jornalística como as coletivas de imprensa ou as entrevistas.[2] Segundo, adotaram uma prática sistemática de interpelar a sociedade com discursos populistas e de esquerda nos quais os meios de comunicação e a imprensa aparecem como instrumentos ideológicos dos inimigos do povo. Os presidentes Chávez e Correa têm suas emissões semanais de rádio e/ou televisão (os Kirchner e Evo Morales adotaram outras práticas de comunicação direta). Dessas plataformas, habitualmente qualificam os seus adversários na imprensa e nos meios de comunicação como "neoliberais", "golpistas", "poderes fáticos" etc., situando-os dentro de visões gerais da sociedade (que misturam elementos das tradições de esquerda e populista) na qual a mídia e a imprensa são apresentadas como agentes (ideológicos) dos poderes sociais e econômicos dominantes. Terceiro, favorecem (com sucesso variado), políticas que revertem as regulações pró-mercado do período neoliberal.

Em resumo, é possível afirmar que existe uma forte semelhança entre os casos considerados, de modo que eles formam um modelo diferente e particular de ativismo na esfera pública midiática. Três dimensões

---

[2] Uribe, com seus Conselhos Comunais, aproxima-se, neste aspecto, aos casos considerados.

dão forma e definem este modelo. Primeiro, existe uma prática generalizada de *going public* – isto é, interpelar o público (Kernell, 1997) – com discursos altamente ideológicos (que contêm pontos interpretativos classistas ou populistas) sobre os meios de comunicação e a imprensa. Nestes discursos, majoritariamente presentes em intervenções públicas presidenciais, os jornais são enquadrados – e mostrados – como atores ligados a interesses de classe ou grupos privilegiados. Segundo, estes governos utilizam várias formas e dispositivos de comunicação direta que exibem combinações variáveis de apelos políticos tradicionais com usos sofisticados e tecnocráticos de recursos da mídia. Terceiro, estes governos promovem (com sucesso variado), regulações na área da comunicação a favor de um papel mais ativo do Estado e de formas alternativas ao mercado, utilizando instrumentos, tais como, financiamento direto e criação de novos meios de comunicação públicos, apoio a formas de cooperativas, nacionalizações, reformas legislativas ou a não renovação de licenças.

A estabilidade desse fenômeno não parece estar ligada à mera presença empírica destas três dimensões, mas sim ao fato de que o discurso da primeira invoca as práticas e as regulações da segunda e da terceira dimensão. Em outras palavras, defender publicamente que a imprensa e os meios de comunicação representam interesses (hegemônicos, capitalistas, corporativos, imperialistas ou da oligarquia) opostos ao interesse público (o povo), justifica mobilizar diretamente a opinião pública, passar por cima do papel mediador do jornalismo, avançar e ocupar espaços na esfera pública e pretender alterar o mercado midiático.

A despeito das interpretações polêmicas e radicais, a singularidade destas formas de ativismo governamental dos novos populismos de esquerda na América Latina não foi tratada de maneira sistemática. Estes traços peculiares exigem uma explicação e apresentam uma série de questões: existe uma origem comum? Trata-se de uma repetição de circunstâncias parecidas ou de um contágio e difusão de práticas do modelo venezuelano? Que fatores explicam o surgimento dessas formas? Sem contar os traços em comum, como as variáveis contextuais (estrutura sociocultural, sistema dos meios de comunicação, cultura da imprensa ou sistema político) afetam as estratégias, a performance e os resultados dessa politização do conflito governo-imprensa? Qual a importância que deve ser dada aos particularismos regionais ou às tendências globais no âmbito da comunicação política para a explicação destes casos? Quais são as consequências dessas formas para a governabilidade democrática? A resposta a essas questões exigirá um esforço de pesquisa comparada que ultrapassa este trabalho. Porém, modestamente, o propósito das páginas seguintes é fornecer, em primeiro lugar, uma descrição narrativa que permita caracterizar melhor os quatro casos propostos e, em segundo lugar, elaborar algumas hipóteses que poderiam ajudar a compreender melhor tanto os aspectos comuns quanto as variações entre os casos.

Caracterização dos casos

As próximas descrições narrativas combinarão uma caracterização mais detalhada das três dimensões com algumas referências à dinâmica dos casos. Este último significa incluir parte do desenvolvimento cronológico, as etapas de radicalização e apaziguamento; contemplar contextos particulares como eleições, referendos ou reformas constitucionais e considerar flutuações relativas à popularidade, crises políticas e outros eventos politicamente relevantes.

A partir dos protestos de 1989, lembrados como o "Caracazo", os grandes meios de comunicação venezuelanos atribuíram-se o papel de críticos severos dos partidos que tinham dominado a política eleitoral desde o *Pacto de Punto Fijo* (Pacto de Ponto Fixo). Em um contexto de descontentamento generalizado e falando em nome do "povo", os meios de comunicação contribuíram para a persistente denúncia de que a velha classe política era corrupta e exigiram mudanças (Cañizalez, 2003: 30-32). Desta maneira, alcançaram certo protagonismo no aumento de um "clima de insatisfação com o sistema político que levou à eleição de Hugo Chávez", em 1998 (Mayorbe, 2002: 176). Ainda que Chávez não tenha sido o candidato da mídia, as expectativas que despertava ao ser eleito garantiram a ele uma lua de mel inicial com a imprensa. Os primeiros sinais de conflito aberto começaram no final de 1999 quando, após os trágicos deslizamentos no estado de Vargas, a imprensa fez críticas à ação governamental de assistência às vítimas. Foi nesse momento que o presidente começou a identificar a mídia como inimiga do povo em seus discursos públicos. A imprensa, por sua vez, abandonando seus valores institucionais de imparcialidade, assumiu progressivamente o papel de confronto com o líder populista (Pérez-

-Liñán, 2007: 83). Os meios privados foram se constituindo a partir daí como fórum organizador de todas as vozes da oposição, as quais tinham sido impedidas de outros recursos políticos no novo cenário (Tanner Hawkins, 2003: 12-15). A partir daí, houve uma escalada. O pico foi alcançado em abril de 2002, após o presidente demitir, diante das câmeras de televisão, toda a diretoria da empresa de petróleo estatal PDVSA, dando início a uma série de protestos e greves. Os manifestantes, incitados pelas cúpulas empresariais e por alguns sindicatos, receberam uma atenção privilegiada dos meios de comunicação privados, como parte de uma "estratégia de comunicação destinada a demonstrar a força das greves e sua adesão em massa" (Cañizález, 2003: 35). Em 11 de abril, o governo procurou intensificar o domínio da oposição nas cadeias de televisão, através da imposição de "cadeias" oficiais. A mídia, por sua vez, procurou neutralizar a tentativa governamental sem evitar a obrigatoriedade da transmissão, mediante o simples recurso de "dividir" a tela. Nesse mesmo dia, uma coalizão de setores empresariais e oficiais das Forças Armadas deteve Chávez e anunciou publicamente que ele tinha renunciado. Enquanto a transmissão dos canais públicos foi bloqueada, a informação não foi questionada pelos meios de comunicação privados. Consequentemente, os meios privados silenciaram a respeito das declarações dos oficiais das Forças Armadas leais a Chávez e ignoraram sistematicamente os distúrbios nas ruas e as manifestações em massa a favor do líder deposto.[3] Parte importante dos acontecimentos que devolveram Chávez ao Palácio de Miraflores passaram por uma disputa entre aqueles que apoiavam Chávez e os golpistas, para que a sociedade venezuelana pudesse ver, ouvir e ler (Relatório da Missão da Federação Internacional de Jornalistas em Caracas, 2002). Mais tarde, entre dezembro de 2002 e janeiro de 2003, uma nova "greve cívica" mostrou um nível inédito de polarização entre a mídia e o governo. Com efeito, durante esta nova onda de protestos, a televisão suspendeu sua programação regular e a imprensa escrita reduziu as suas edições visando a cobertura exclusiva da ação coletiva da oposição. Enquanto isso, o governo radicalizou seu discurso sobre os meios de comunicação. Às qualificações de antipopulares ou oligárquicos, juntaram-se as definições de

---

[3] O comportamento da mídia e do jornalismo em geral durante esses episódios foi motivo de controvérsia. Uma compilação de documentos e bibliografia útil pode ser encontrada em Tanner Hawkins (2003).

"golpistas", inimigos da revolução bolivariana, instrumentos do imperialismo e "terroristas da mídia".

Desde o início de seu governo e de maneira inusitada, o líder bolivariano descobriu as vantagens de utilizar a mídia eletrônica para amplificar os seus discursos públicos. Através do seu programa Alô, Presidente, Chávez inaugurou uma forma de comunicação direta e regular com o público. Em suas reputadas performances semanais no rádio e na televisão, o presidente atende ligações dos cidadãos, escuta os seus problemas, dá conselhos, brinca, conta histórias em linguagem simples, canta e faz um tipo de pedagogia popular em transmissões que podem chegar a quatro ou cinco horas de duração. "Os destinatários da mensagem de Chávez, os setores mais pobres e marginalizados, não leem a mídia escrita e sustentam sua relação com o líder político [...] através do afeto, sem dúvida, nesta dimensão a televisão, principalmente, e o rádio têm um papel primordial" (Cañizález, 2003: 34). Suas convocações transmitidas através da mídia eletrônica tornaram-se o principal meio de mobilização de camadas da sociedade previamente excluídas da política: "Chávez produziu uma inclusão simbólica dos mais pobres e marginalizados no cenário político do país. O presidente tornou estes excluídos visíveis e ali está boa parte do seu poder" (Cañizalez, 2003: 33). Por sua vez, Chávez foi justificando os progressivos avanços na esfera pública da mídia como uma forma de combater a "desinformação" e as "mentiras" dos meios privados (Tanner Hawking, 2003: 13). Cada vez que considera necessário, aparece na televisão pública e durante os conflitos e sua escalada, vale-se de 'cadeias' de transmissão obrigatória para os meios privados.[4] Estas práticas se tornaram um instrumento fundamental do governo. Através delas, o presidente mobiliza apoios, ameaça os seus adversários, dá ordens aos seus assistentes, comanda os militares ou exonera membros do seu gabinete. Como já observamos, Chávez inventou uma forma de levar adiante o governo como uma performance midiática (Anderson, 2008). Simultaneamente, estes novos formatos foram acompanhados de uma desqualificação explícita do papel dos jornalistas no processo comunicativo. Porém, a explicação para a crescente alienação do jornalismo não se limita a esse menosprezo. Deve ser entendida no contexto de uma profunda alteração da rotina profissional do jornalismo, dada a progressiva

---

[4] Ironicamente, muitos jornalistas e críticos contam as horas de 'cadeia' utilizadas pelo governo.

eliminação do acesso às fontes oficiais. Desse modo, os jornalistas venezuelanos começaram a ver-se limitados, de uma forma ofensiva para o seu *ethos* profissional, ao papel de responder os discursos públicos que o governo oferece sem possibilidade de mediação.[5]

Além destas práticas presidenciais e como resposta à hostilidade cada vez maior dos meios de comunicação privados, o governo começou a diversificar o uso dos meios de comunicação públicos através de uma programação fortemente politizada. Isso foi feito principalmente usando a infraestrutura existente dos meios públicos, criando novos meios de propriedade estatal, mas também através do apoio e do financiamento de uma ampla rede de meios comunitários. Por outro lado, o governo bolivariano também desenvolveu uma política de neutralização ou desativação dos meios de comunicação da oposição. O primeiro movimento neste sentido ocorreu depois de uma iniciativa da oposição de dar impulso a uma revogação do seu mandato e, após o fracasso da iniciativa, o governo negociou com o magnata da mídia Gustavo Cisneros a despolitização da programação da Venevisión, na época o canal de maior audiência. Mais tarde, com base na acusação de que seus diretores foram partícipes diretos na conspiração de 2002, o governo não renovou a licença da emissora Rádio Caracas Televisión (RCTV). Igualmente, e ainda que não tenham sido utilizadas de forma sistemática para domesticar a mídia, a reforma constitucional e a reformada lei da mídia preveem certas possibilidades para a regulação dos conteúdos. Estas medidas, entre outras, são entendidas por seus protagonistas dentro do contexto do experimento bolivariano como parte ou uma etapa do processo revolucionário. Como explicou Andrés Izarra – ex-produtor jornalístico da RCTV que renunciou logo após os episódios de 2002 para ocupar cargos importantes, como ministro e na emissora *Telesur* – ao jornal *El Nacional*, de Caracas, em uma entrevista em 8 de novem-

---

[5] Uma anedota de um livro baseado na experiência de dois jornalistas credenciados no Palácio do Planalto ilustra o impacto deste estilo comunicativo no *ethos* do jornalismo. Cobrindo o presidente Lula em uma visita oficial a Caracas, os jornalistas da *Folha* e do *Estadão* queixaram-se das dificuldades que o discurso do presidente venezuelano provocava em seu trabalho de repórteres. A multiplicidade de temas abordados e a longa duração do discurso os confundia sobre o que deveriam enfatizar, além de diminuir dramaticamente o tempo que tinham para escrever (Scolese e Nossa, 2006: 146). Este exemplo demonstra que o conflito também surge – a despeito de questões ideológicas ou do desprezo público a respeito da imprensa – devido à incompatibilidade entre estes formatos comunicativos e as rotinas jornalísticas específicas.

bro de 2007, a expansão da política de comunicação governamental responde aos imperativos de uma guerra gramsciana – uma guerra compatível com o pluralismo, esclarece – pelas mentes e pelos corações a favor do socialismo e contra a hegemonia capitalista reproduzida pelos meios de comunicação privados.

A recente chegada de Rafael Correa à presidência do Equador mostra algumas semelhanças com o caso venezuelano. A chegada ao poder deste *outsider* da política, com formação de economista acadêmico ao invés de militar, não se apoiou em uma organização político-partidária preexistente. Sua campanha combinou tópicos populistas clássicos, uma linguagem baseada no afeto e nas emoções com o uso de técnicas de comunicação modernas e sofisticadas (Conaghan, 2008). Imediatamente depois de duas campanhas eleitorais consecutivas que o conduziram ao Palácio de Carondelet (venceu o empresário Noboa no segundo turno das eleições), o novo governo começou a fazer reformas que levaram à eleição de uma Assembleia Constituinte. O sucesso de Correa em construir uma maioria para reformar a carta básica permitiu a ele começar o seu mandato sobre uma forte base de poder a qual nos anos anteriores de instabilidade política nenhuma outra liderança pôde aspirar. Sua arriscada manobra de competir pela presidência sem apresentar candidatos legislativos evitou que precisasse entrar em acordo com os partidos tradicionais. Com essa liberdade, o discurso de campanha de Correa combinou a rejeição do neoliberalismo e o desdém pela velha e desprestigiada classe política ("a partidocracia"). Sendo assim pôde definir-se como um homem novo, livre de vínculos com as elites sociais e políticas, próximo do povo, e como alguém disposto a reverter uma longa era de dominação de interesses minoritários. No início de sua ascensão política, o único instrumento de apelo direto ao povo utilizado por Correa foi a mídia. Suas campanhas se destacaram pelo uso frequente de *spots* no rádio e na televisão, por incontáveis aparições públicas e pelo uso racionalizado de recursos como a internet para atingir segmentos específicos do eleitorado. Depois da eleição dos constituintes, foi realizado outro referendo para aprovar o novo texto e uma nova eleição presidencial sob a nova Constituição. Isso fez com que o governo tornasse natural o estilo de governar em "campanha permanente" (Conaghan, 2008). Vinicio Alvarado, profissional que veio da publicidade comercial e seu principal assessor de campanha, passou a ser o funcionário encarregado da comunicação governamental e foi nomeado, significativamente, secretário geral da administração pública da presidência. Como foi observado: "O *war room* da eleição de 2006 foi recriado no palácio presidencial" (Conaghan e De la Torre, 2008: 274).

No início da presidência, Correa estreou um programa semanal de rádio transmitido aos sábados em todo o país. O governo equatoriano costuma combinar com muita eficiência esse dispositivo de comunicação com um "gabinete itinerante", uma prática que o mantém em um tipo de campanha que "chega" às comunidades locais para escutar os problemas, transmitindo este contato diretamente através dos meios de comunicação de alcance nacional (Conaghan e De la Torre, 2008: 275).

Ainda que esse tipo de emissão de rádio presidencial tenha antecedentes no Equador, os adversários de Correa logo viram a semelhança de estilo com o colega venezuelano. Por outro lado, esse recurso, que permite ter um impacto político em nível local ao mesmo tempo em que invoca a audiência nacional e que é observado na Venezuela, também pode ser detectado, com algumas variações, nos governos de Lula, Evo Morales, dos Kirchner e de Uribe, entre outros.

Em outro paralelo com a Venezuela, Correa fez uso extensivo das "cadeias", entre outros recursos de acesso direto ao público, especialmente durante os momentos cruciais da campanha eleitoral. Durante a campanha pelo referendo de aprovação do novo texto constitucional, por exemplo, o governo impôs – ainda que após alguma negociação – a transmissão obrigatória de um programa chamado *Conhecendo a Constituição*, invocando a aplicação de uma lei relativa aos meios de comunicação e que prevê o uso público, para fins educativos, de espaços na televisão privada. Esta medida provocou um debate por parte de jornalistas e proprietários de meios de comunicação que resistiram à ordem, enquanto questionavam o caráter educativo de conteúdos, que julgavam radicais.

Correa, por sua vez, tende a evitar as coletivas de imprensa e o diálogo com os jornalistas. Neste sentido, apresenta um dos exemplos mais claros, que é traço comum na região, de tentar um *by-pass* do jornalismo como mediador diante da opinião pública.

Através destas plataformas e de outras oportunidades discursivas, Correa costuma fazer em público fortes críticas à mídia e às instituições da imprensa. Em resposta a um relatório de 2009 da Sociedade Interamericana de Imprensa (SIP, sigla em espanhol), Correa questionou a legitimidade da organização, denunciando que o único compromisso desta associação que reúne os proprietários dos grandes meios de comunicação é com "a liberdade de fazer negócios". De acordo com a sua visão, a imprensa equatoriana não se diferencia da imprensa do resto da região: "Como em muitos países da América Latina, o que existe é uma imprensa corrupta e medíocre que cumpre um papel político" (jornal *Página 12*, 27/04/2009: 3). Com efeito, desde o início de seu governo, ele definiu os grandes meios de comunicação como "defensores do *status quo*", como "poderes fáticos" que "sempre estiveram contra os governos progressistas da América Latina" (RSF IA 2008). Sem ater-se a definições genéricas, Correa indica explicitamente as instituições bancárias como sendo os interesses poderosos acostumados aos favores da classe política do passado. Esta posição de privilégio se concretiza na persistência da propriedade das principais cadeias de televisão que preserva um poder injustificado nas mãos do setor financeiro: "O senhor fala sobre regular a taxa de juros ou diminuir os custos dos serviços bancários [...] e o senhor verá como em seguida arma-se uma campanha contra". Esta caracterização está presente e é comum quando o presidente qualifica de "empregados bancários" os seus críticos nos meios de comunicação (Conaghan e De la Torre, 2008: 278-279).

Esses diagnósticos sobre a "correlação de forças" estão presentes nos impulsos reguladores do governo. Uma das inovações da nova Constituição é a proibição da propriedade dos meios de comunicação por parte das instituições bancárias. Por sua vez, durante 2008 o governo "embargou" e manteve sob controle estatal emissoras de rádio e televisão ligadas a bancos beneficiados por pacotes de resgate fraudulentos de administrações anteriores. Na imprensa, os críticos do governo defendem que estas intervenções escondem o propósito governamental de controlar um número maior de meios de comunicação com fins de propaganda.

No entanto, não se trata de medidas isoladas. Com o alto índice de popularidade de sua primeira gestão, o governo de Correa lançou com sucesso várias iniciativas destinadas a alterar o cenário midiático por meio de medidas reguladoras. Conartel, a agência estatal de telecomunicações, iniciou um processo sistemático de auditorias e tirou licenças de algumas estações de rádio. Uma cláusula provisória da nova carta constitucional prevê uma revisão de aproximadamente 1.200 licenças de rádio e televisão, ao mesmo tempo em que o texto permanente confere caráter constitucional aos meios comunitários e estipula a criação de um novo Sistema Nacional de Comunicações.

O aspecto mais visível do ativismo governamental no Equador foi a criação de um sistema público de meios de comunicação. A primeira medida foi o lançamento de um diário estatal, *El Telégrafo*, criado sobre um velho jornal falido de Guayaquil. Em um país onde não havia televisão pública, o governo criou, em novembro de 2007, a Ecuador TV. Em agosto de 2008, Correa inaugurou a Estação de Rádio Pública do Equador, sucedendo a velha e subutilizada Rádio Nacional. Na cerimônia de abertura desta última, o presidente defendeu esses meios públicos, respondendo implicitamente àqueles que apontaram semelhanças com a situação venezuelana: "Estes não são meios de comunicação do governo, pertencem a todos os equatorianos, tal como acontece em muitos outros países latino-americanos e em praticamente todos os países desenvolvidos [...] nas mãos de maus governos estes meios de comunicação públicos podem ser terríveis, mas tudo pode ser terrível nas mãos de maus governos. Bem administrados, os meios públicos são muito positivos para uma sociedade, porque não têm o profundo dilema entre o bolso e o compromisso social de comunicar objetivamente". ("Correa relanzó hoy la radio estatal prometiendo respetar la libertad de prensa", *El Comercio* 27/08/2008).

Na Bolívia, diferentemente dos dois casos anteriores, o conflito com os meios de comunicação e com a imprensa é anterior à chegada ao poder do movimento indígena e de seu instrumento político, o Movimento ao Socialismo (MAS). O discurso inaugural do presidente Evo Morales destacou como a etapa de ascensão ao poder do movimento de base indígena já estava envolvido em uma amarga luta com a mídia: "Obrigado, quero fazer meu reconhecimento a alguns meios de comunicação, profissionais que constantemente recomendavam que deveríamos aprender. Mas também alguns jornalistas, homens ou mulheres, constantemente satanizaram a luta social; constantemente condenavam-nos com mentiras. Estamos submetidos por alguns jornalistas e meios de comunicação a um terrorismo midiático, como se fossemos animais, como se fossemos selvagens" (22/01/2006).

Com efeito, desde os episódios conhecidos como "A Guerra da Água" e "A Guerra do Gás", a maior parte das cadeias de televisão e da grande imprensa de La Paz, Cochabamba e Santa Cruz de la Sierra privilegiaram os seus interesses corporativos, sociais e políticos em detrimento dos padrões jornalísticos na cobertura da mobilização popular e dos protestos que se iniciaram em 2003. Um dos aspectos mais evidentes foi a decisão das cadeias de televisão de transmitir os filmes de maior bilheteria de que dispunham durante os episódios de repressão policial no centro de La Paz que deixaram 63 mortos nas ruas. Este tipo de comportamento colocou em questão a credibilidade dos grandes meios de comunicação para uma parte importante da sociedade boliviana.

Em oposição a esta orientação e ao silêncio dos meios privados encontramos uma importante rede de rádios comunitárias e um novo grupo de publicações periódicas (por exemplo, *Pulso* e *El Juguete Rabioso* – O Brinquedo Raivoso) que, inclusive a partir um ponto de vista liberal-republicano, criticaram severamente os meios ligados ao *establishment* (Gómez Vela, 2006). Posteriormente, alguns dos jornalistas ligados a eles como Walter Chávez,[6] assumiram postos de destaque na área da comunicação governamental; outros, pelo contrário, transformaram-se em críticos da presidência de Evo Morales, enfatizando os traços autoritários e iliberais do seu estilo de governo.

As relações do MAS com a imprensa não mudaram com a chegada ao governo. Nas primeiras etapas, a cobertura da imprensa concentrou-se em atacar a política de nacionalização dos hidrocarbonetos. O principal rival nesta etapa foi o diário *La Razón de la Paz*, de propriedade do grupo espanhol Prisa, acusado pelo governo de operar como lobista dos interesses espanhóis no setor de hidrocarbonetos e serviços.

Entretanto, desde o início, a polarização entre os meios de comunicação e o governo esteve fortemente ligada à polarização e relativa superposição das divisões étnicas, regionais e de classe. Isto se deve ao fato de boa parte dos grandes meios de comunicação bolivianos, especialmente a televisão, estarem ligados às elites da chamada "Media Luna" [Meia Lua]. As elites das terras baixas do leste boliviano perderam, com a chegada de Evo Morales ao poder, sua influência política no que diz respeito ao Estado central. Seus tradicionais aliados políticos perderam capacidade organizadora e eleitoral. Isto parece explicar o recuo a uma autonomia radicalizada (Eaton, 2007). Esta polarização posterior não ajudou a reverter as práticas midiáticas em direção a padrões mais profissionais. Neste sentido, é notório que algumas ONGs de defesa do jornalismo e organizações internacionais de imprensa viram-se compelidas

---

[6] O jornalista peruano e ex-militante do MRTA, Walter Chávez, ocupou um cargo importante no governo de Evo Morales. O pedido de extradição por parte do Peru e a pressão da imprensa boliviana sobre o seu passado obrigaram o governo a destituí-lo de suas funções oficiais.

a criticar abertamente as práticas nos meios de comunicação privados bolivianos. O Comitê para a Proteção de Jornalistas reconhece em seu relatório de 2007 que os meios bolivianos tornaram-se vulneráveis às críticas governamentais que observam uma tendência favorável aos grandes interesses privados, enquanto "permitem desvios das regras éticas e baixos padrões de qualidade". Inclusive a conservadora e antipopulista Sociedade Interamericana de Imprensa precisou admitir em suas notícias sobre a Assembleia Geral de 2007 que "algumas das críticas do governo poderiam ser justificadas, dado o parcial e, ao mesmo tempo, irresponsável tratamento que, especialmente algumas estações de rádio e televisão, dão ou deram a certas informações".

De seu posto na presidência, Evo Morales manteve o hábito de interpelar o público com um discurso fortemente crítico em relação aos meios de comunicação e à imprensa. É com frequência que Morales, narrando exemplos dos tipos de cobertura jornalística, pede ao povo para julgar por si mesmo as "distorções" e "desinformações" da mídia. As interpretações que o presidente oferece sobre o comportamento da mídia concluem geralmente que tais meios refletem os interesses "da direita", "da oligarquia", "do imperialismo" ou "dos poderosos". Mas o que se destaca no discurso presidencial sobre os meios de comunicação é sua dimensão étnica. A voz da mídia é quase sempre caracterizada como a voz de alguns racistas ressentidos que têm saudades de uma dominação relegada ao passado. Em um discurso na Federação de Sindicatos Agrários, por exemplo, Morales lembrou a necessidade de "combater esses meios que todos os dias nos combatem, que todos os dias nos denigrem, que todos os dias nos humilham, que todos os dias nos ofendem com mentiras" (14/02/2006). Neste sentido, é comum que responda aos questionamentos sobre a compatibilidade da agenda multicultural do governo com os valores modernos: "Quero deixar claro um tópico muito importante, alguns meios nos satanizam, penalizam a nossa justiça comunitária; pensam que a pena de morte é justiça comunitária. Totalmente falso".

No início do governo, Evo Morales insistiu em fazer uma distinção entre os proprietários dos meios de comunicação e os jornalistas: "O sistema capitalista usa a mídia contra o governo [...] Com relação aos jornalistas, eles gostam de mim; são os proprietários que fazem campanha contra o meu governo" (CPJ 2007). Ainda que o governo tenha o apoio de um importante sindicato de trabalhadores da imprensa, a polarização entrou no jornalismo boliviano. No final de 2008, alcançou um novo pico. Após o jornal *La Prensa* de La Paz publicar manchetes denunciando o "sinal verde" da presidência em um caso de contrabando, o mandatário respondeu, durante uma comemoração pública transmitida ao vivo pela televisão, exigindo que o correspondente de *La Prensa*, presente na ocasião, levantasse e provasse publicamente a acusação feita pelo jornal em que trabalha. O repórter em questão permaneceu em silêncio. Após este episódio de humilhação pública, várias associações de imprensa protestaram e o presidente respondeu a elas declarando que não voltaria a convidar correspondentes dos meios de comunicação nacionais. Este incidente recente afastou ainda mais muitos jornalistas, inclusive muitos que simpatizavam com o governo.[7] Morales tornou explícita esta ruptura com o jornalismo quando declarou que "só 10% dos jornalistas têm dignidade" (SIP 2009).

No que se refere às práticas de comunicação direta, ainda que setores do governo tenham insinuado várias vezes a intenção de divulgar emissões presidenciais regulares no rádio e na televisão, parece que privilegiaram formatos diferentes. A maior parte das bases de apoio do governo se encontra nas áreas rurais do altiplano. A população camponesa destas vastas áreas rurais está, além disso, dividida étnica e linguisticamente. O presidente é de origem aymará, mas só fala espanhol. A ausência de um público nacional unificado torna, desta forma, inadequada uma estratégia com base na centralização da mensagem. Pelo contrário, situada dentro dos movimentos sociais que mobilizam apoio governamental, a política escolhida consistiu em apoiar e expandir a já existente rede de rádios comunitárias. Com financiamento venezuelano, o governo criou a Rede dos Povos Originários da Bolívia. Em contraste com a relativamente pequena penetração territorial da televisão, as estações de rádio locais contam com sólidas raízes na Bolívia. Introduzidas pelos jesuítas, os mineiros desenvolveram uma forte tradição na qual se assenta a rede.[8]

Ainda que exista uma televisão pública, seu alcance é limitado, especialmente no leste, onde os grupos autonomistas destroem regularmen-

---

[7] Uma entrevista do autor com correspondentes internacionais em La Paz em janeiro de 2009 revela que, a despeito das simpatias ideológicas, estas ofensas ao *ethos* profissional têm um efeito significativo nas atitudes dos jornalistas mais jovens a respeito de Evo Morales.
[8] Entrevista do autor com o jornalista e editor Hugo Moldis, La Paz 28/01/2009.

te as antenas de transmissão e outras obras de infraestrutura. Em janeiro de 2009 foi lançado o diário estatal *Cambio*, enquanto o governo anunciou a criação de outros dois jornais.

Durante os ríspidos debates na Convenção Constituinte, alguns avanços em matéria de regulação da mídia foram tentados pela maioria governamental. No texto definitivo da nova Constituição, permaneceram algumas cláusulas sobre "responsabilidade" e "veracidade" como critérios para a regulação do conteúdo midiático. No entanto, nas negociações para a sua aprovação com parte da oposição parlamentar, o governo concordou em deixar o exercício destes mecanismos nas mãos dos códigos de ética e na própria autorregulação das instituições da mídia. Por outro lado, recentemente o governo estabeleceu um mandato obrigatório pelo qual as publicações devem dar aos jornalistas sindicalizados e aos trabalhadores da imprensa um espaço regular para que expressem suas opiniões.

A Bolívia é um caso em que o conflito do ator estudado é prévio à experiência de governo. O caso de Evo Morales e do movimento que o levou ao governo assemelha-se mais a experiência de Lula e do PT no Brasil ou ao caso da Frente Ampla no Uruguai, do que às trajetórias de Correa e Chávez. No caso venezuelano, os meios de comunicação se concentraram na crítica à velha classe política da qual Chávez se distinguia nitidamente (Mayorbe, 2002; Cañizalez, 2003). Por seu lado, Correa pôde capitalizar na campanha a sua apresentação como homem novo, sem que esta fosse contrariada pelo jornalismo. A contraimagem de populista recalcitrante frente a qual conseguiu se definir foi ocupada pelo seu rival Noboa (Conaghan, 2008).

Como nos casos da Venezuela e do Equador, a chegada de Néstor Kirchner à presidência foi marcada pelo colapso prévio do sistema partidário. Na Argentina, o ponto culminante da crise política foi alcançado em dezembro de 2001, após uma série de saques, distúrbios e protestos em massa nas ruas por parte das classes médias urbanas. A extrema crise da classe política (o lema dos protestos era: "fora todos"), culminou com a queda do governo De la Rua, seguido por um período de instabilidade institucional que terminou com a chegada de Kirchner em 2003. Entretanto, diferentemente de Chávez e Correa, o até então desconhecido governador de uma província da Patagônia chegou à presidência pelas mãos de um setor importante do peronismo, cuja capacidade de mobilização eleitoral entre setores da sociedade com poucos recursos sobreviveu à crise que pulverizou os demais partidos. No entanto, o kirchneirismo nasceu anunciando uma "renovação da política" destinada a deixar para trás a "velha política" da qual o próprio peronismo fazia parte. Com este discurso, Kirchner iniciou sua gestão apelando para os setores médios urbanos não peronistas, os "órfãos" da representação político-partidária deixados pela crise (Torre, 2003) e, consequentemente, os mais expostos à influência dos meios de comunicação na apresentação da realidade política.[9] O incômodo inicial de Kirchner com a imprensa e a adoção de uma estratégia ofensiva na esfera pública foram condicionadas pelas dificuldades de fazer "chegar" sua mensagem – dada a forma como esta era filtrada pelo jornalismo – a um segmento politicamente relevante da opinião pública. Filtrados através das narrativas jornalísticas, o governo via seus esforços de autoapresentação como a "nova política" transformados em uma imagem de "mais da mesma" velha política (Kitzberger, 2005).

Em seu discurso público sobre a imprensa e os meios de comunicação, os Kirchner compartilham do núcleo onde estão os populistas de esquerda. O traço peculiar é a apresentação dos interesses antipopulares expressos pela mídia insistindo em sua ligação com o "neoliberalismo" e com a "ditadura". Tanto Néstor Kirchner como Cristina Fernández de Kirchner enfatizaram inúmeras vezes que durante os anos 90 a política perdeu seu lugar e foi colonizada pelos "poderes fáticos" que dominaram a esfera pública midiática com um "discurso tecnocrático" tendente a desacreditar qualquer visão política que escapasse dos imperativos do mercado. De acordo com esta visão, o jornalismo ocupa o papel – consciente ou inconsciente – de agente funcional desses poderes e interesses. Pode-se extrair desse discurso que tal espaço deve ser disputado e reocupado. Dessa forma, por parte do governo, criou-se o hábito de protestar publicamente diante das formas tortuosas pelas quais a imprensa enquadra as notícias, indicando a arbitrariedade dos destaques (as manchetes) de certos fatos ou palavras.

---

[9] Kirchner admitiu explicitamente na ocasião que a crise de 2001 foi a experiência prévia que deu forma ao seu estilo de comunicação política. Durante a campanha para as eleições intermediárias de 2005, chegou a declarar que os governos que não fazem uma campanha permanente "vão embora de helicóptero", aludindo à imagem que simboliza a queda de De la Rua na memória de todos.

Ainda que nos primeiros dias de seu governo ela tenha insinuado tomar uma atitude de menos confronto com a imprensa do que seu marido, Cristina Kirchner iniciou sua gestão criticando publicamente os meios de comunicação ao identificá-los com a oposição e lembrando suas responsabilidades, dado o caráter assimétrico do seu poder. Inclusive antes do conflito com o setor agrário em 2008, ela utilizou com frequência os discursos institucionais para exercitar a crítica a respeito da maneira com que a mídia constrói o "relato" da realidade, sempre citando algum exemplo da imprensa do dia, de modo parecido aos casos acima descritos.

Néstor Kirchner e sua esposa carecem do apelo televisivo que possuem Chávez ou Correa. O contato direto com o público através de programas regulares de rádio ou televisão não parece ser uma opção. O dispositivo de comunicação direta foi formado com base em uma série de práticas que o jornalismo argentino qualificou de "tribuna assassina". Elas consistem basicamente em utilizar a mídia para divulgar amplamente oportunidades institucionais que a presidência oferece – cerimônias oficiais, inaugurações, visitas oficiais etc. – para reforçar a mensagem de forma unilateral. O dispositivo se completa da seguinte forma, de acordo com a descrição crítica que oferece um jornal de Buenos Aires: no período da manhã, algum ministro "dá a linha do governo nos programas de rádios atuais, logo em seguida, o presidente utiliza a tribuna para reforçar o assunto desejado e, finalmente, "o sistema reativo do governo imediatamente autoriza os demais dirigentes kirchneristas a falar, obviamente, defendendo esta linha" ("Los Fernández y el atril marcan otra continuidad", *La Nación* 14/12/2007). Ao mesmo tempo, no que diz respeito à atitude dos jornalistas em geral, o governo mostrou ambivalências parecidas às de seus colegas da Bolívia e do Equador. Com poucas exceções, o governo rejeitou entrevistas e a realização de coletivas de imprensa, ao mesmo tempo em que, com frequência, tentou diferenciar jornalista e proprietários de meios de comunicação. No entanto, em termos gerais, seu comportamento e sua inclinação a colocá-los publicamente como instrumentos de seus empregadores são irritantes e ofendem o orgulho profissional dos jornalistas.

Assim, por trás das diferenças ideológicas ou dos interesses corporativos que podem influir no conflito entre o governo e as organizações da mídia, parece existir uma tensão – menos observável – que envolve as práticas do jornalismo profissional. Os jornalistas podem chegar a sentir-se existencialmente ameaçados quando os governos dão justificativas públicas de seu apetite pela comunicação direta e de sua inclinação a "passar por cima" do jornalismo. Como já declarou o secretário de comunicação de Kirchner: "O problema é que os jornalistas não entendem que o presidente tem um estilo [...] O presidente se comunica diretamente com o povo. É um ato de arrogância dizer, como fazem certos jornalistas, que o presidente comete um erro porque carece de mediações. Isto é o que dói para os jornalistas: já não são necessários". ("Los periodistas ya no son intermediarios necesarios", *La Nación* 04/02/2007).

Por outro lado, contrastando com seus predecessores, o governo exerce um forte controle vertical sobre as fontes, o que entra em conflito com as necessidades institucionais do jornalismo. Como defendeu um jornalista argentino experiente, os governos anteriores utilizavam suas fontes para dirimir as disputas entre facções, estruturando, assim, um padrão de relações entre jornalismo e política, "mas chegou o kirchnerismo e impôs modificações nestas regras do jogo". (Julio Blanck, "Cristina Kirchner renueva la batalla por la construcción de la realidad", *Clarín* 01/12/2007).

Na primeira etapa do seu governo, a ofensiva estratégica parece ter dado bons resultados políticos. Até o final da gestão de Kirchner e principalmente desde o início do mandato de sua esposa, o conflito com a imprensa e a mídia em geral se radicalizou. Entretanto, nesta radicalização, diferentemente dos casos anteriores, os Kirchner parecem ter perdido credibilidade e influência na disputa pela opinião pública.

Diferentemente dos casos anteriores, as duas gestões dos Kirchner apoiaram-se mais em uma política de cooptação de certos empresários dos meios de comunicação privados, do que na ampliação dos meios públicos. Ajuda financeira ou utilização de parte do orçamento para publicidade foram pragmaticamente negociadas em troca de espaço e tratamento positivo.[10] Por outro lado, o uso dos meios públicos teve um

---

[10] Os críticos do governo defendem sistematicamente que a atitude a respeito da imprensa e da mídia em geral é autoritária e atribuem esta atitude a fatores como a cultura política "setentista" (Novaro, 2007), os hábitos de governo trazidos da Província de Santa Cruz (Curia, 2006) ou de maneira mais geral a um estilo chavista de comunicação política. Apesar destes precedentes, importantes aspectos como o já descrito disciplinamento das fontes ("*keeping on message*"), as ligações para as redações para protestar a respeito de reportagens e outros assuntos, são mais parecidos com as práticas do estilo *war room* que fazem parte da modernização da comunicação política a nível global (Kitzberger, 2009).

papel secundário na disputa pela opinião pública. Com exceção de um canal educativo a cabo que não desempenha nenhum papel político, os Kirchner não promoveram uma política de criação de novos meios de comunicação públicos. Até a chegada da fase tardia de radicalização, também não promoveram uma política de cooptação ou alianças com os meios comunitários.

No que se refere ao aspecto regulatório, o caso argentino mostrou um *timing* diferente dos demais. Durante a presidência de Néstor Kirchner e mesmo quando mantinha níveis altos de popularidade, o governo sancionou leis e tomou medidas que favoreceram os grandes grupos da mídia (as principais medidas foram a "Lei de Indústrias Culturais" e a prorrogação das licenças de televisão abertas), alegando que as organizações da mídia precisavam de ajuda e tempo para se recuperar da crise de 2001. Também autorizou fusões no mercado da televisão a cabo que consolidaram a posição dominante do poderoso Grupo Clarín.

A mudança aconteceu em uma fase tardia e em um momento de forte queda na popularidade e perda de aliados. Após o conflito agrário de 2008 que terminou com a derrota da política governamental no Congresso, o governo foi colocado em uma posição de grande fragilidade, passando assim à ofensiva com a iniciativa de uma nova lei sobre os meios de comunicação baseada em uma proposta construída ao longo dos anos por vários setores da sociedade civil e apoiada pelos setores progressista e de esquerda, apoio este que conseguiu aprová-la. A nova lei, promulgada no final de 2009, prevê um forte rearranjo da mídia ao mesmo tempo em que possui, entre outras coisas, cláusulas muito restritivas no que se refere à concentração e propriedade dos meios privados, por um lado e, por outro, estabelece uma significativa ampliação do papel do Estado e da sociedade civil sem fins lucrativos na comunicação. Ainda que a iniciativa tenha sido saudada pelos setores mais progressistas da opinião pública graças a seus aspectos democratizantes, a iniciativa foi percebida como uma vingança pessoal devido ao apoio maciço da mídia ao "campo" durante o conflito um ano antes. Com a nova Lei de Serviços Audiovisuais, o conflito com os meios de comunicação e, especialmente, com o Grupo Clarín alcançou um nível extremo de radicalização no qual ambas as partes deixaram de lado as mediações institucionais para enfrentar-se sem meias palavras.

Em resumo, por trás das diferentes trajetórias e das especificidades já indicadas, é possível constatar a existência de um núcleo comum em torno dos principais aspectos do discurso público sobre a mídia, certas práticas de comunicação direta e a presença de significativos impulsos reguladores a respeito do espaço público midiático. A seguir, propomos algumas hipóteses que nos permitem pensar sobre estes novos aspectos.

Algumas hipóteses explicativas

Assumindo analiticamente o ativismo governamental (suas variações em práticas e na intensidade do conflito com os atores da esfera pública) como a variável dependente, como o fenômeno a ser explicado, tentaremos – a seguir – elaborar algumas hipóteses que indicam alguns fatores assumidos esquematicamente como variáveis independentes.

As diferentes variáveis que *a priori* parecem ser importantes na hora de construir hipóteses explicativas sobre as alternativas pertencem a níveis muito heterogêneos como a sociedade, o âmbito das ideias e as tradições políticas, a estrutura dos atores do sistema político, as agendas de política pública dos próprios governos ou os traços do sistema dos meios de comunicação.

A seguir, listamos algumas das hipóteses e as perguntas que podem ser feitas a partir de uma série de variáveis explicativas para perceber as alternativas no tipo de ativismo da mídia e sua performance política. Estes pontos não excluem que outras possibilidades relevantes possam ser consideradas.

1. O primeiro ponto está ligado ao peso que deve ser atribuído à difusão da experiência chavista frente ao peso relativo de contextos ou tradições políticas locais. Em que medida o exemplo de comunicação política governamental dado por Hugo Chávez influenciou nos outros quatro casos? Este problema está ligado a estas outras perguntas: Até que ponto é a coincidência destes ativismos o produto de desenvolvimentos endógenos paralelos? Que peso têm, em cada caso, as tradições políticas ou os contextos locais? Diante da tese da difusão, aparecem alguns relatos de casos que enfatizam fatores genéticos locais na explicação dos ativismos. Paralelamente, o processo de difusão da experiência política venezuelana neste terreno não se limita a uma mera imitação espontânea. De fato, o governo da Bolívia teve uma ativa política de promoção regional dos meios de comunicação e discursos informativos

alternativos aos atores dominantes no mercado, das quais a cadeia regional Telesur é apenas o rosto mais visível.

2. Parece existir uma correlação entre a intensidade do fenômeno e a forma como as políticas destes governos afetam interesses econômicos e sociais. A radicalização governamental na esfera dos meios de comunicação parece guardar alguma relação – como reação ou antecipação – com as políticas (especialmente na área da economia política) que podem afetar poderosos interesses organizados. Esta hipótese, corrente nas interpretações do fenômeno, deve ser testada considerando a estrutura da propriedade dos meios de comunicação em cada um dos casos e suas ligações com tais interesses.

3. Os sistemas partidários e os tipos de liderança são outra dimensão explicativa relevante. A situação da política partidária é essencial para a explicação das diferenças entre os casos. A ocorrência de colapsos nos sistemas partidários em momentos anteriores à eleição dos governos em questão está ligada à radicalização ou intensificação do ativismo. A Venezuela e o Equador são exemplos onde fracassos prévios da política partidária tradicional não só levaram a que *outsiders* da política surgissem como líderes personalistas, mas, por sua vez, serviram de orientação para utilizar apelos diretos através da mídia como principal recurso para mobilizar apoio. Deste modo, onde os partidos são frágeis na mobilização de apoios ou nos laços com a sociedade, as lideranças personalistas, centradas no ativismo midiático, parecem adquirir muita importância. Simultaneamente, onde a política partidária é frágil, os meios de comunicação tendem a se transformar, como substitutos, na arena na qual as vozes opositoras procuram ter acesso público.

4. Outro aspecto relevante é constituído pela assim chamada organização da sociedade civil. Este fenômeno global está ligado a novas formas de contestação política que desafiam a construção de maiorias eleitorais como fonte exclusiva de legitimidade política. A Argentina parece sugerir uma hipótese a ser testada sobre a relação entre a força da sociedade civil e a performance política das estratégias ativistas dos governos considerados, na medida em que, impulsionada originalmente pela força do seu movimento de direitos humanos, é um caso notável de desenvolvimento de uma sociedade civil no período pós-transição. Este

desenvolvimento ofereceu um repertório de categorias para o questionamento da política partidária que eclodiu em outubro de 2001. Este questionamento da política, que não desapareceu com aquela crise, parece enfatizar e reforçar a tendência institucional geral do jornalismo que consiste em disputar representatividade com a política diante da opinião pública. Em suma, onde a organização da sociedade civil constitui um conjunto mais forte e desenvolvido, a mobilização midiática destas lideranças populistas de esquerda parece encontrar mais resistência. Por outro lado, já que nos casos considerados é frequente que a mobilização opositora apresente-se como representando a sociedade civil ("movimentos cívicos", "greves cívicas"), parece de grande valor colocarmos frente a frente estas autopercepções.

5. A performance política das estratégias de ativismo midiático parece se relacionar também com variáveis socioculturais e do sistema dos meios de comunicação. Em países como a Argentina, as estratégias para incrementar a politização do conflito com a mídia parecem ter sido menos bem-sucedidas em termos de popularidade e de imagem pública governamental. Estes resultados poderiam ser vinculados à existência nestes países de setores médios urbanos e secularizados proporcionalmente mais numerosos e à existência de jornais e de meios de comunicação diferenciados, mais profissionais e autônomos que, por sua vez, gozam de uma maior credibilidade e legitimidade pública. O exemplo do caso boliviano comprovaria esta hipótese já que a fragilidade dos padrões profissionais e éticos da prática jornalística, traduzidos em coberturas claramente a favor dos interesses dos grupos proprietários dos meios de comunicação, tornou críveis as denúncias públicas do governo contra estas instituições.

6. Alguns traços do ativismo governamental também podem estar ligados a fatores socioculturais e a penetração e alcance dos meios de comunicação de massa. No caso da Bolívia, por exemplo, a divisão etnolinguística, a grande porcentagem da população rural que vive em zonas de difícil acesso sem uma infraestrutura moderna e a consequente pouca penetração dos meios de comunicação a nível nacional, determina as características descentralizadas com base em uma rede de rádios comunitárias que assumiu a comunicação direta governamental.

Bibliografia

Cañizález, Andrés. "De mediadores a protagonistas. Crisis política, medios y comunicación en Venezuela", *Iconos. Revista de Ciencias Sociales*, nº 16, 2003.

Castañeda, Jorge. "Latin America's Left Turn", *Foreign Affairs* 85, 3, 2006.

Conaghan, Catherine. *Fujimori's Perú: Deception in the Public Sphere*, University of Pittsburgh Press, Pittsburgh, 2005.

Conaghan, Catherine. "The Passions and the Furies of Rafael Correa: Synthesis and Revolution in Ecuador", *paper presented at the Conference: Latin America's Left Turn: Causes and Implications*, Harvard University, abril 2008.

Conaghan, Catherine e Carlos De la Torre. "The Permanent Campaign of Rafael Correa: Making Ecuador's Plebiscitary Presidency", *The International Journal of Press/Politics*, vol. 13, nº 3, 2008.

Eaton, Kent. "Backlash in Bolivia: Regional Autonomy as a Reaction against Indigenous Mobilization", *Politics & Society*, vol. 35, nº 1, 2007.

Fox, Elizabeth; Waisbord, Silvio (eds.). *Latin Politics, Global Media*, University of Texas Press, Austin, 2002.

Gómez Giraldo, Juan Carlos. "El régimen de comunicación política del presidente Álvaro Uribe Vélez", *Revista Palabra-Clave*, nº 13, dezembro 2005.

Hallin, Daniel; Papathanassopoulos, Stylianos. "Political Clientelism and the Media: Southern Europe and Latin America em Comparative Perspective", *Media, Culture and Society*, 24, 2, 2002.

Hallin, Daniel; Mancini, Paolo. *Comparing Media Systems. Three Models of Media and Politics*, Cambridge University Press, Cambridge, 2004.

Helms, Lutger. "Governing in the Media Age: The Impact of the Mass Media on Executive Leadership in Contemporary Democracies", *Government and Opposition*, vol. 43, nº 1, 2008.

Hughes, Sallie. "From the Inside Out. How Institutional Entrepreneurs Transformed Mexican Journalism", *The Harvard International Journal of Press/Politics*, 8, 3, 2003.

Hughes, Sallie; Lawson, Chapell. "The Barriers to Media Opening in Latin America", *Political Communication*, 22, 1, 2005.

Kernell, Samuel. *Going Public: New Strategies of Presidential Leadership*, CQ Press, Washington, 1997.

Kitzberger, Philip. "La prensa y el gobierno de Kirchner frente a la opinión pública", em AA.VV., *Argentina en perspectiva. Reflexiones sobre nuestro país en democracia*, Instituto Torcuato Di Tella; La Crujía, Buenos Aires, 2005.

Kitzberger, Philip. "Las relaciones gobierno-prensa y el giro político en América Latina", em *Posdata. Revista de reflexión y análisis político*, nº 14, 2008.

Laclau, Ernesto. *Política e ideología en la teoría marxista*, Siglo XXI, México, 1977.

Levitzky, Steven; Roberts, Kenneth. "Latin America's Left Turn: A Conceptual and Theoretical Overview", *trabalho apresentado na conferência Latin America's Left Turn: Causes and Implications*, Harvard University, 2008.

Lugo Ocando, Jairo (ed.). *The Media in Latin America*, Open University Press, Glasgow, 2008.

Novaro, Marcos. "Periodistas engreídos vs. publicistas convencidos", *Ciencias Sociales. Revista da Faculdade de Ciências Sociais*, UBA, nº 66, abril de 2007.

O'Schaughnessy, Hugh. "Media Wars in Latin America", *British Journalism Review*, vol. 18, nº 3, 2007.

Pérez Linán, Aníbal. *Presidential Impeachment and the New Political Instability in Latin America*, Cambridge University Press, Cambridge, 2007.

Petcoff, Teodoro. "Las dos izquierdas", *Nueva Sociedad* 197, 2005.

Ramírez Gallegos, Franklin. "Posneoliberalismo y decisionismo en Ecuador", *Umbrales de América del Sur*, ano 2, abril-julho 2008.

Tanner Hawkins, Eliza. "Conflict and the Mass Media in Chávez's Venezuela", *trabalho apresentado no congresso da LASA*, Dallas, 2003.

Torre, Juán Carlos. "Los huérfanos de la política de partidos. Sobre los alcances y la naturaleza de la crisis de representación partidaria", *Desarrollo Económico*, vol. 42, nº 168, 2003.

Waisbord, Silvio. *Watchdog Journalism in South America. News, Accountability and Democracy*, Columbia University Press, Nova York, 2000.

Waisbord, Silvio. "Media Populism: Neo-Populism in Latin America", em Gianpietro Mazzoleni, Julianne Stewart e Bruce Horsefield (eds.). *The Media and Neo-Populism: A Contemporary Comparative Analysis*, Praeger, Westport, 2003.

Weyland, Kurt. "Neoliberal Populism in Latin America and Eastern Europe", *Comparative Politics* 31, 4, 1999.

Trabalhos utilizados:

Relatório da 63ª Assembleia Geral da SIP, Miami, outubro de 2007. Disponível em http://mercury.websitewelcome.com/~sipiapa/informe.php?id=3&idioma=sp&asamblea=4

Calos Lauría, "El momento histórico de Bolívia", *publicação do Committee to Protect Journalists*, outono-inverno 2007. Disponível em: http://www.cpj.org/boliviahistoric/index_sp.html

Fernando J. Ruiz, *Indicadores de periodismo y democracia a nivel local en América Latina*, Cadal; Konrad Adenauer Stiftung; Universidad Austral, nº 3, primeiro semestre 2005.

"Falta de Comunicación en la Crisis Política Venezolana", *Relatório da Missão da Federação Internacional de Jornalistas em Caracas*, junho 2002.

Meios, poder e democracia na América Latina
... de celebridades políticas, poderes midiáticos e democracias de simulação

Omar Rincón e Ana Lucía Magrini

"O poeta deixou de ser a voz da tribo, aquele que fala pelos que não falam. Tornou-se apenas outro *entertainer*".

José Emilio Pacheco

A democracia é uma moda obrigatória, mas também uma prática cultural frágil na América Latina. Nós inventamos uma democracia "ao gosto, estilo e capricho" dos nossos telepresidentes, e ela tem sucesso. Alguns dizem que é a entrada da base popular no poder, outros que são presenças autoritárias, muitos concordam que é pura mídia política. Como é a relação entre a mídia, o poder e a democracia na América Latina? Aqui fazemos uma tentativa de dar algumas respostas.

"A democracia é um valor ainda mais alto do que uma mera forma de legitimidade do poder, porque com a democracia não só se vota, mas também se come, se educa e se cura". Com estas palavras, Raúl Alfonsín iniciou seu mandato em 1983, o primeiro governo democrático na Argentina depois da aberrante ditadura militar (1976-1983). Com a volta da democracia no cone sul, ela foi percebida como uma "solução mágica" para todos os problemas. A história demonstrou que se trata apenas de um sistema político que funciona mais como um mecanismo de eleição (no qual efetivamente se vota), mas que "ela" não resolve o problema da alimentação, da educação, da saúde de vários setores da população; para isso é fundamental um modelo de desenvolvimento. E mais, parte da população pensa que a democracia pouco serve, porque está cheia de corruptos e líderes cínicos, e que não solucionou suas necessidades básicas. Assim chegamos à democracia de simulação, na qual todos a utilizam, ninguém responde, ninguém se responsabiliza, nem quem elege, nem quem governa. A sociedade diz "democracia, não obrigada"; os presidentes são bem-sucedidos na sua popularidade midiática e se transformam em governantes celebridades; e a mídia-política triunfa, mas perdendo densidade e legitimidade no âmbito público e no que se refere ao valor da informação.

Os governantes / políticos celebridades

Os governantes são identificados como os responsáveis pela efervescência da democracia de simulação e do espetáculo. Mas são os "governantes" mais bem-sucedidos nas pesquisas de popularidade. São chamados depreciativamente de "populistas", pela maneira de agir a respeito dos problemas dos cidadãos e dos meios de comunicação; pelo uso de uma mesma lógica com diversos conteúdos "ideológicos" (por exemplo, Chávez e Uribe). Desta forma, os governantes se transformam em *telepresidentes* ou líderes que governam "a seu bel prazer", que têm muito sucesso com o "amor público", que entretém e motivam seus cidadãos, produzem "democracia de eleições" e se convertem em governos comunicadores e *democracias de opinião*. Assim chegamos ao "*rating* como ideologia" e à "simulação como política". Ganham os telepresidentes (ver http://www.c3fes.net/docs/lostelepresidentes.pdf), perdem os jornalistas, os cidadãos ... e a democracia; vivemos uma época de forte mídia do poder, mas com uma cultura política frágil.

A respeito destes modos de governar e agir, as nossas democracias parecem documentar um neopopulismo enquanto expressam projetos com características nacionalistas e emocionais que colocam uma nova emoção na política e atravessam com sucesso a fragilidade dos partidos políticos.

Os populismos históricos (meados do século XX) foram formados a partir da adoção de novas identidades coletivas (surgimento das maiorias: as classes populares e os trabalhadores), sob a ideia de "povo". Os populismos atuais também nascem da articulação de novas subjetividades (a cidadania expressiva, a sociedade civil organizada, ONGs, novos movimentos sociais e a recuperação estética e cultural do popular), tendentes a construir um "povo". A lógica é incluir retoricamente os desejos e as expectativas do povo formado por eleitores e pesquisas, para governar em nome de um abstrato chamado povo, que é convocado através dos meios de comunicação.

O que é o populismo? Podemos dizer que existem duas maneiras de compreender o conceito de populismo:

Concepções essencialistas	X	Conceito não essencialista
O populismo é um conteúdo	X	O populismo é uma forma
Âmbito do dever ser	X	Âmbito do ser
Conceito histórico (restringe-se ao período de 1930 a 1950)	X	Fenômeno que não se reduz a um período específico de tempo
Fenômeno Latino-americano/terceiro mundista	X	Não especificidade espacial do fenômeno

Acreditamos que o populismo dos nossos *telepresidentes* seria uma versão não essencialista. Retomando as considerações de Ernesto Laclau (2005), é caracterizado por ser:

a) uma forma, mais do que um conteúdo, uma lógica, um tipo de discurso e de articulação hegemônica;

b) para sua compreensão, o conteúdo do fenômeno não pode ser definido *a priori* sem considerar o contexto;

c) para compreender este fenômeno político não deveríamos fazer uso *a priori* de conteúdos normativos ou axiológicos em termos de "bom ou mau".

Desta forma, queremos analisar as diferentes versões do populismo atual como fenômeno flexível e constantemente disputado por diversos atores e governantes. Voltemos, então, ao tema dos meios de comunicação como chave para compreender o sucesso dos governantes latino-americanos do século XXI. Vejamos como entender a relação entre os meios de comunicação e os governos a partir de uma noção não essencialista do populismo.

Países	Cenário Político	Características da Comunicação	Cenário Comunicativo-Midiático
Argentina	Néstor Kirchner e a continuidade do governo por sua esposa Cristina Kirchner: **neopopulismo de "centro-esquerda"**. Os Kirchner produziram uma configuração hegemônica a partir do discurso dos direitos humanos. Elemento que, paradoxalmente, se transformou em uma ferramenta de censura dirigida a grande parte da imprensa não oficial. Assim, os ataques às opiniões contrárias ao governo são associados a um componente ético e axiológico dificilmente rebatível **"você é um aliado disfarçado da repressão."**	Estratégia de comunicação: "a tribuna assassina", a partir da qual se procura eliminar a intermediação dos jornalistas. Não respondem aos jornalistas e não fazem coletivas de imprensa. Informam durante os atos de governo. Elaboração e formatação da informação controlada previamente pelo governo para depois ser distribuída à mídia. Lógica de prêmios e castigos. (Fonte: O' Donnell, María; 2008: 45).	Tensão **governo–**-meios de comunicação.

Países	Cenário Político	Características da Comunicação	Cenário Comunicativo-Midiático
Brasil	Lula: **neopopulismo com elementos retóricos de esquerda.** Entretanto, sua política econômica se mantém, na prática, próxima do neoliberalismo e do mercado internacional. Apesar deste alinhamento com a sociedade de mercado, os meios de referência mantiveram uma posição crítica e contrária ao seu governo.	Liderança carismática. Discurso construído a partir da retórica: **"nunca antes na história deste país".** Mensagem de inclusão social. Estilo com base na improvisação, "poeta popular". (Fonte: Gois, Chico; 2008: 26).	Tensão **mídia--governo.**
Bolívia	Evo Morales: **neopopulismo de esquerda.** Reformulação do discurso político, econômico e cultural a partir de uma ótica de reinvenção indígena e como um ajuste de contas histórico. Os meios de referência não deram trégua e transformaram-se na oposição.	Nova proposta da política a partir das maiorias excluídas. Reivindicação do indígena: discurso de identidade e poucas palavras. Discurso anti-imperialista. Privilégio da vivência. (Fuente: Benavente, Claudia; 2008: 65-66).	A mídia domina.
Uruguai	Tabaré Vásquez: **neopopulismo de esquerda.** Ao criticar os meios de referência e com o apoio de leis a favor dos meios comunitários e sociais, o governo manteve uma relação conflituosa com os empresários dos meios de comunicação.	Estilo personalista e afetivo. Estratégia comunicativa: gestualidade mais do que oralidade. Pouca presença e desconfiança da mídia. Discurso unificador: **"dignidade dos uruguaios".** (Fonte: Giaimo Mariangela; 2008: 54).	A mídia domina, mas não totalmente.

Países	Cenário Político	Características da Comunicação	Cenário Comunicativo-Midiático
Chile	Michelle Bachelet: **centro-esquerda.** Com um discurso mais de centro do que de esquerda, manteve as linhas econômicas de liberdade de mercado. No entanto, os meios de referência foram ferozes com seu governo a partir de seu conservadorismo moral.	Liderança feminina. Governo com "estilo cidadão". Conflito com os meios tradicionais. Mensagem social. Pouca resposta aos jornalistas. Procura de uma "imagem de sobriedade e autenticidade". (Fonte: Skoknic, Francisca; 2008: 36-37).	Tensão mídia--governo a favor da mídia.
Colômbia	Álvaro Uribe: **neopopulismo de direita.** Seu governo se caracteriza pelo controle da informação e pela utilização dos meios de comunicação de massa como estratégia política para unificar a agenda. Ou a mídia está com o presidente ou é denominada terrorista.	Estilo paternalista de tipo autoritário. Retórica popular que remete à lógica do melodrama, religiosa e rural. Alta presença dos recursos da mídia. Utilização de meios de comunicação de massa, principalmente TV, e meios locais, destacando-se o rádio. Não admite perguntas, é dono de sua imagem e palavras. A imprensa se transforma em "ator" da oposição. O inimigo é o terrorismo e as FARC. (Fonte: De Vengoechea, Alejandra; 2008: 143).	Tensão mídia--governo a favor do governo.

Países	Cenário Político	Características da Comunicação	Cenário Comunicativo-Midiático
Equador	Rafael Correa: **neopopulismo de esquerda.** A mídia, junto com os bancos e a velha política, faz parte do que é preciso mudar. Assim, os meios de comunicação e seus jornalistas devem ser mudados por bem ou por mal em nome da revolução cidadã.	Discurso da "revolução cidadã" e crítica à política partidária tradicional. Linguagem coloquial. Fortes críticas aos meios de comunicação e à imprensa. Eles, junto com as elites tradicionais são os "eixos do mal". No entanto, observa-se uma grande utilização da mídia por meio do conceito de governo-campanha permanente. Discurso nacionalista e patriótico. A estratégia política é o confronto permanente. (Fonte: Valdivieso, Jeanneth; 2008: 75-83).	Tensão mídia-governo a favor do governo.
Venezuela	Hugo Chávez: **neopopulismo de esquerda com tendências nacionalistas.** Os meios de comunicação são os inimigos, fazem parte da oposição e é preciso combatê-los com leis, investigações fiscais e com a criação de um sistema de meios de comunicação públicos.	Liderança carismática, estilo popular e caudilhista. Retoma o projeto bolivariano. Discurso social e de inclusão dos mais excluídos. Discurso melodramático. Inimigo imperialista. Chávez é o meio, a mensagem e a verdade. (Fonte: Muñoz, Boris; 2008: 98-99).	Estatismo midiático.

Como podemos ver, assistimos a uma relação tensa entre os meios de comunicação e os governantes e presenciamos diversos modos/lógicas do populismo. O que está claro é que para os governantes a imprensa escrita importa, e muito, porque é através dela que os empresários e políticos tomam suas decisões; a televisão interessa a partir do momento em que constrói a visibilidade cotidiana do poder; o rádio se conecta com a oralidade da maioria e assim cria um povo. Desta forma, existe muita tensão entre o governo e os meios de comunicação. A cena dos governos da América Latina é marcada pelas tensões nas relações mídia-governo: *A mídia domina a esfera do poder e tenta controlar a governabilidade*. Casos: Bolívia + Uruguai + México + Honduras. *Tensão entre mídia e governos*. Casos: Argentina + Brasil + Chile + Equador + Colômbia + El Salvador. *Os governos dominam*. Casos: Venezuela e Nicarágua.

Ainda que na América Latina as relações entre os meios de comunicação e os governos sejam diferentes, existem certos elementos significativos que são comuns a todos:

- A presença de neopopulismos com lógica de constituição da política; usa-se uma mesma lógica, mas com diversos conteúdos "ideológicos", uma mesma estratégia de articulação discursiva (de sentidos, de representações, de identidades) para diferentes construções sobre a democracia e os meios de comunicação.
- A estratégia neopopulista cria simbolicamente "o povo" como soberano e é a garantia ideológica e cultural do bom governo e da democracia.
- Apela-se para o nacional como âmbito prioritário de referência e o país é apresentado como uma pátria melodramática.
- Os presidentes procuram comunicar-se diretamente com o povo, assim evitam o questionamento dos jornalistas dos meios de comunicação de referência e ganham em aproximação emocional através da comunicação "cara a cara".
- A maioria dos presidentes transmite uma mensagem social como "sinônimo" de inclusão política: ela se traduz em assistencialismo e é transmitida pela televisão.
- Utilização de uma linguagem comum e coloquial que transforma o povo em ideólogo e referencial do discurso do governo.

- Negação da legitimidade do conflito: só existem inimigos do projeto de refundação patriótica do presidente-povo; as críticas são dos inimigos da pátria.
- A informação pública é formatada e oferecida já pronta à mídia. Assim, os meios de comunicação de massa são "usados" como caixas de ressonância das versões oficiais. Existe, então, um controle absoluto do que é difundido, seja pela ausência (não responder) ou pela presença (estar na mídia).
- Governa-se a partir do melodrama, pois se governa amorosamente e dentro do excesso moral e estético do popular.
- Os meios de comunicação são elevados ao patamar de atores políticos na luta pelo controle do espaço público e a fim de conseguir hegemonia para o projeto político.

Mídia do poder / política de simulação

Estas diferentes maneiras de governar "em nome do povo", com emoção e sedução bem-sucedidas, questionam o que sabíamos e praticávamos a respeito da democracia midiática. A função e o uso dos meios de comunicação de massa na escolha dos governos não podem ser analisados sem levar em conta a temporalidade própria da política na democracia. Tradicionalmente, ela se dividia em três etapas: período pré-eleitoral, campanhas eleitorais propriamente ditas e período pós-eleitoral. A campanha era o momento culminante para a comunicação, mas agora assistimos a uma "campanha permanente", o que implica uma grande utilização desta ferramenta que é a mídia em etapas prévias às eleições, durante as campanhas (aqui naturalmente com mais força) e quando finalmente se é eleito (onde se governa em modelo de campanha). Os meios de comunicação de massa são considerados um elemento indispensável para os três momentos.

Os meios e as estratégias de comunicação aparecem no cenário político como o espaço predileto para a "competição eleitoral" e a "governabilidade", de modo que os tradicionais espaços de discussão pública, partidos e congressos nacionais perdem importância e paralelamente tornam-se menos visíveis. Como muitos acadêmicos, o analista mexicano Enrique Sánchez Ruíz (2005: 81) explica que, "com o surgimento da estratégia de mercado política e da espetacularização da comunicação política, as campanhas foram reduzidas a imagens e slogans, mas não a uma troca racional de argumentos".

Os meios de comunicação de massa representam um elemento fundamental na luta eleitoral, mas não explicam por si só seu sucesso ou fracasso. O que explicam é que suas "maneiras de narrar" têm referenciais como a espetacularização e o entretenimento, que se transformaram na maneira de relatar/compreender a política. A política converteu-se, então, em um espetáculo que se caracteriza por:

- Os políticos como *heróis midiáticos* ou *celebridades* que aparecem na mídia como tais: divertem-se beijando crianças, interagindo com o povo, personificando a política.
- Os políticos como heróis melodramáticos ou galãs de novela. A relação política corresponde a um roteiro de novelas: homem puro salva o povo equivocado através do amor.
- A política transforma-se em uma construção a partir das lógicas midiáticas do entretenimento e da simulação. O deslocamento da política como debate racional de ideias e programas para uma política de simulação e entretenimento.
- Transformação da ideologia partidária em ideologia cínica; o ideológico usado como elemento cosmético para a ação política; mais estilo, mais atuação; o "dizer" substituindo o "fazer". Parafraseando Slavoj Zizek (1992: 61), "eles sabem que em sua atividade perseguem uma ilusão, mas, ainda assim, o fazem".

Como podemos ver, uma coisa é falar do elevado uso dos meios de comunicação na política e outra muito diferente é perceber *como* tais meios são utilizados. Não é a quantidade, mas a maneira de relatar. A questão são as transformações no modo de fazer política e suas práticas de comunicação; o que foi produzido através da preeminência do "modelo da técnica midiática ou do marketing político" foi um deslocamento ou migração para novos regimes de visibilidade midiática (Bonilla, Jorge Iván, 2002).

> **Estratégias de campanha 2006 e uso
> da mídia na América Latina
> (Rincón, Omar, 2008: 149-171).**
>
> Se tomarmos como exemplo as campanhas presidenciais de 2006 que deram origem ao complexo coquetel de neopopulismos latino-americanos e suas diferentes maneiras de governar e de manter-se no poder, poderemos apreciar a influência da comunicação instrumentalizada a partir do marketing, do melodrama e das lógicas estéticas e morais do popular. Caracterizada por: (ver http://www.c3fes.net/docs/rompioelamor.pdf)
>
> 1. Campanhas passionais e melodramáticas.
> 2. Presença de discursos sobre a "segurança dos cidadãos" e ideologias do medo.
> 3. Quem tem mais pontos nas pesquisas não participa de debates.
> 4. Quem tem uma posição marginal aposta em uma campanha negativa.
> 5. Simulacro de democracia direta com o uso de ferramentas tecnológicas (internet, mídia local, eventos).
> 6. Voto mais no candidato e menos no partido, voto emocional, voto castigo.
> 7. Toda campanha também está calcada no "trabalho de base" (seguidores quase religiosos), junto com o ritual religioso (a fé), e a emoção da novela (identificação).

Tanto para fazer campanhas políticas quanto para governar com sucesso, a comunicação midiática é necessária como estratégia de conexão social e sedução pública; é um componente fundamental para a pragmática da democracia, já que representa um dos mais dinâmicos e visíveis espaços de disputa das bases interpretativas da política, do poder e da democracia.

No entanto, como vimos, algo está acontecendo com a política e com a mídia do poder; os meios de comunicação de referência (a imprensa), já não têm tanta importância e impacto nas decisões eleitorais e na discussão pública (ver http://www.c3fes.net/docs/rompioelamor.pdf); a televisão informa as massas a partir da lógica da velocidade, do fragmento e do entretenimento; a política está encontrando nos novos meios de comunicação (online, comunidades virtuais, celular, mídia local e cidadãos, blogs, youtube, vídeo...) outras maneiras de aproveitar e participar da vida pública.

Estas tensões evidenciam lutas mais profundas do "fazer política" em nossos tempos:

a) Os meios de comunicação e os governos lutam para ser o povo diretamente, para ser a representação oficial da sociedade e a garantia da participação cidadã.
b) Os tomadores de decisão localizam-se em três cenários: seduções locais para conquistar o público; autonomia e adaptabilidade em políticos e jornalistas; incidência permanente de modelos transacionais de negócios, mídia e política.
c) O modelo de desenvolvimento econômico da mídia se divide entre concentração do poder de informar e opinar; estatização da propriedade; e modelos mafiosos de ação.
d) A simultaneidade complementar dos grandes meios de comunicação que constroem uma esfera de poder na tomada de decisões; pequenos meios que constroem maneiras próximas de visibilidade; e mídia online e celular para outros modos de participação cidadã e da esfera pública.

Nos dia de hoje, os meios de comunicação de massa (imprensa, rádio, televisão) mostram mais as agendas dos empresários do que a dos políticos. Esta "seleção de agendas" feita por estes meios não é ingênua, mas responde à lógica da estrutura hegemônica dominante (poder político e poder empresarial) e aos interesses de negócio e interesses políticos dos grupos de mídia. O resultado político é que a mídia expressa agendas hegemônicas, exibe algumas agendas marginais e ignora agendas sociais e dos cidadãos. Como conclusão, a mídia do poder é *articuladora* de agendas, de sentidos em disputa, de identidades, de recursos de poder, de visibilidades, de agentes sociais e políticos, de projetos políticos que procuram adquirir hegemonia, de controle do espaço público.

Entretanto, com o surgimento dos novos meios de comunicação e dos políticos *celebridades*, o tema da opinião pública se tornou mais complexo e dividido. Vivemos uma multiplicação da esfera pública. Em termos 'macro', é preciso mencionar pelo menos seis agendas estabelecidas e com maneiras de funcionamento próprias: agenda dos cidadãos, agenda da mídia, agenda dos movimentos sociais, agenda dos políticos, agenda dos empresários e agenda das máfias. E cada uma destas agendas se expressa em infinitas e diminutas esferas públicas: o étnico como perspectiva de múltiplas identidades; o meio ambiente e os direitos humanos como lutas sociais; os jovens e as crianças como sujeitos prioritários; a perspectiva de gênero como uma outra maneira de significar; os rituais populares como lugar de decisão; a religião como jogo da fé; a telenovela como lugar onde discutimos a partir dos significados populares; os esportes como esfera transnacional localizada... e cada uma destas práticas e produções de sentido produz pequenas esferas públicas que, por sua vez, se multiplicam via mídia em comunidades na internet, conexões via celular, expressão em mídias locais. Neste contexto, pensar em uma esfera pública única e central é quase impossível. Vivemos tempos de explosão das esferas públicas. Entramos em outro cenário político, o das comunidades/mídias variadas.

Ainda que o cenário descrito anteriormente narre a realidade a partir dos vínculos e associações entre os meios de comunicação e a política, é preciso evitar o *reducionismo midiático*, já que ainda que os meios de comunicação sejam recursos de poder importantes no que diz respeito ao acesso, manutenção, espaço e articulação das lutas na democracia, não são garantia de sucesso político. Os meios de comunicação são necessários, mas não suficientes para fazer política; são mais animadores e atores da política e da democracia; são uma estratégia privilegiada na luta pela hegemonia de um projeto político..., mas não são o único ator/cenário/estratégia decisiva, nem nas eleições, nem na governabilidade. Como atores políticos claramente em oposição podem se transformar em um inimigo perigoso para os governos, e como atores amigos podem ser uma formidável estratégia de conformidade política, mas não têm o poder de decidir. E cada vez mais se transformam em um ator fraco frente à força dos empresários, do movimento cidadão e das várias maneiras de contato direto (celular, internet, encontros). O valor dos meios de comunicação está em serem protagonistas da esfera do poder, centro da luta pelo controle do espaço público e pela hegemonia dos projetos políticos.

O desafio político para a comunicação através da mídia é, então, ampliar os padrões e os critérios de interpretação e prática democrática na vida prática, tanto no aspecto social quanto no pessoal. A pergunta é: que tipo de democracia temos e queremos? –, para a partir daí decidir o sistema dos meios de comunicação possível. É disso que tratam as leis sobre a mídia que estão sendo discutidas e aprovadas em toda a América Latina.

Mídia política / poder sim, mas frágil

Como descrevemos acima, os fenômenos neopopulistas na América Latina surgem e se mantêm no poder com estratégias que têm como característica principal uma instrumentalização dos meios de comunicação cujo objetivo é fazer um tipo de comunicação "direta" com os cidadãos e um uso instrumental da mídia através de um controle estrito do que se comunica, quem o faz e como se realiza. "O *rating* como ideologia", explica a pesquisadora de tendências Carolina Forero (2009). Assim, vemos que os espaços de formação da opinião pública já não são os partidos políticos, mas as telas das TVs, dos computadores e as pesquisas.

Desde o surgimento da democracia na América Latina, os meios de comunicação cumpriram uma função muito importante como recurso para a promoção ou desaprovação de políticos, governos e políticas. Porém, cada vez aparece com mais força um tipo de utilitarismo mútuo entre a mídia e o governo ou de luta pela hegemonia do espaço público. A seguir, veremos historicamente algumas características das transformações nos três modelos de "democracia midiática" (relação entre os meios de comunicação e democracia).

Em suma, os meios de comunicação nos três modelos de democracia midiática são recursos de poder em pelo menos cinco aspectos: meios como recurso de poder econômico; como recurso e ator político relevante; como poder simbólico (produtores da agenda pública que lutam pela hegemonia do projeto político e pelo controle do espaço público); como articuladores de poder, de demandas e de poderes; como recurso melodramático, uma relação midiática, amorosa e com excesso de atos simbólicos de amor político.

As relações democracia/comunicação midiática são permeadas por práticas como a que diz que os políticos e governantes têm mais noção do que os cidadãos a respeito do poder da mídia; que a mídia sabe de seu impacto nos políticos, por isso joga no campo da tomada de decisões; que os governantes procuram pressionar os meios de comunicação para fazer com que sua agenda os beneficie através da publicidade, da frequência com que aparecem, do privilégio a certos meios e jornalistas, do fato de não darem entrevistas, entre outros; que os espaços de formação da opinião pública já não são os partidos políticos, mas sim as telas da televisão, dos computadores, as pesquisas, a imagem e o uso de estatísticas.

Modelos de Democracia Midiática na América Latina

	Modelo da "Praça Pública"	Modelo midiático: "Democracia para o Público"	Modelo de "Comunicação Direta"
Contexto sociopolítico	Contexto temporal: metade do século XX. Papel ativo do Estado que intervém na economia e faz a intermediação entre as disputas entre o capital e o trabalho. (modelo corporativista). Políticas de satisfação de demandas plurissetoriais e distributivas da renda. Principais atores: partidos políticos, sindicatos, organizações empresariais por setor da produção. Ainda que a figura do líder seja relevante, os partidos políticos têm um papel preponderante na hegemonização da difusão da informação e como espaço de discussão pública. Surgimento de populismos históricos. Exemplo: Perón na Argentina e Vargas no Brasil.	Contexto temporal: final do século XX. Crise do Estado de bem-estar: processos de reforma do Estado, diminuição do gasto público, descentralização, privatização, desregulação e flexibilização das leis do trabalho. Perda de poder dos "velhos atores" (Estado, partidos políticos, esferas institucionais como os congressos nacionais). A televisão e a mídia aparecem como o cenário privilegiado da política.	Contexto temporal: início do século XXI. Superposição do modelo da praça pública ao modelo midiático com o enfraquecimento dos atores e instituições mediadoras como os partidos e os programas de governo. Surgimento de neopopulismos de esquerda e de direita. Exemplo: neopopulismos de esquerda: Chávez na Venezuela, Evo Morales na Bolívia, Correa no Equador. Neopopulismos de centro: Lula no Brasil, Kirchner na Argentina. Neopopulismos de direita: Uribe na Colômbia.

Modelos de Democracia Midiática na América Latina

	Modelo da "Praça Pública"	Modelo midiático: "Democracia para o Público"	Modelo de "Comunicação Direta"
Opinião pública	O principal veículo de expressão da opinião pública é o voto.	A principal ferramenta de expressão da opinião pública são os meios de comunicação de massa, sobretudo a televisão e as pesquisas de opinião. A mídia é outro espaço de produção discursiva e principalmente de circulação de discursos públicos, no qual se suprime a hegemonia dos projetos políticos. A mídia é onde se extingue a hegemonia dos projetos políticos. Por isso, meios de comunicação e governo disputam o controle do espaço público denegrindo um ao outro, explica o professor da FLACSO no Equador, Felipe Burbano (conferência Universidade Andina, Quito, maio de 2009).	Os meios de comunicação se convertem em atores políticos que defendem seus interesses de negócios, homogeneízam a informação e lutam pela hegemonia de seu projeto político. Hegemonia das pesquisas de opinião. Os "grandes meios importam menos" em termos eleitorais, deixam de ser cenários para transformar-se em animadores e atores do debate eleitoral e governamental. Diversificação e multiplicação das esferas públicas em comunidades digitais.
Hegemonia midiática	Hegemonia da imprensa, do rádio e da praça pública. Cidadania de partido e de conteúdo ideológico.	Hegemonia da TV e da imprensa. Cidadania como público apático.	Hegemonia de internet como multimídia (articulação da linguagem da TV, da imprensa, do rádio, do celular, do vídeo, da fotografia, etc.). Cidadania interativa e em rede.

Modelos de Democracia Midiática na América Latina

	Modelo da "Praça Pública"	Modelo midiático: "Democracia para o Público"	Modelo de "Comunicação Direta"
Relações de poder entre mídia e governos	A mídia é um recurso de poder, enquanto permite a difusão maciça das ideologias partidárias. Em política prevalece um tipo de comunicação interpessoal, "modelo da praça pública". Os espaços de comunicação e de discussão pública por excelência são os partidos políticos, eles têm o controle da informação.	A mídia não só é um recurso de poder, mas se converte em uma ferramenta indispensável em política. A capacidade de acesso a governo se mede pela quantidade de dinheiro e pelas estratégias de comunicação estabelecidas durante as campanhas eleitorais. Os governos começam a implementar a ideia de "campanha permanente", que estaria fortemente associada aos níveis de "estabilidade democrática". Predomina um tipo de comunicação midiatizada por parte dos meios de comunicação de massa, que são "os cenários fundamentais" da política.	Os meios de comunicação de massa são relevantes, mas não decisivos, existem outras alternativas de difusão como a internet e a comunicação próxima. Pretende um tipo de comunicação "direta" com os cidadãos, mesmo que não necessariamente se trate de um recurso participativo. Muitas vezes, esta é uma estratégia para diluir instâncias institucionais. Os espaços comunicativos e de discussão pública por excelência continuam sendo os meios de comunicação, ainda que também as manifestações em massa. Estas, diferentemente das produzidas durante os anos 40 e 50, não são espontâneas e requerem um árduo trabalho logístico. Os políticos estabelecem um uso racional dos grandes e dos pequenos meios, dependendo do "público" ao qual se dirijam.

Assim, o fenômeno neopopulista na América Latina surge e se mantém no poder com estratégias que têm como alvo uma instrumentalização dos meios de comunicação e de suas lentes com o objetivo de fazer um tipo de comunicação "direta" com os cidadãos. Uma apreciação evidente: a democracia latino-americana é, então, legítima se abordada a partir da lógica das eleições, mas não é tão legítima enquanto valor socialmente compartilhado.

A complexidade política da ação midiática está representada pelo fato de que os meios de comunicação cada vez mais deixam de ser o que deveriam ser (palco de debates e articuladores de poderes) e se transformam em atores interessados na luta pela hegemonia de certos projetos políticos. Por isso, a atualidade midiática mostra uma relação íntima entre meios de comunicação, governo e empresariado nos países mais liberais, e uma aliança ideológica entre governo e mídia nos países de centro-esquerda. O mapa da comunicação midiática na América Latina que apresenta as práticas simbólicas das nossas democracias poderia ser algo como o mostrado na página seguinte.

O surgimento e a transformação do jornalismo escrito na América Latina mostram que o seu nascimento aconteceu a partir de dois processos: o projeto ilustrado e a legitimação dos poderes coloniais (Rey, Germán, 2006). Desde o início, a imprensa escrita cumpriu uma função relevante como espaço político de discussão de sentidos, especialmente sentidos do poder; algumas vezes com o objetivo claro de manutenção do *status quo* e outras apoiando processos revolucionários independentistas. Porém, atualmente, o interesse não é político, mas comercial: os meios de comunicação são empresas, sendo assim seus objetivos se orientam mais em direção à maximização de benefícios, em detrimento de sua antiga "função militante"; sua militância atual é a livre empresa, a sociedade de mercado.

Alguns exemplos ilustrativos na região são o caso da Televisa no México, da Rede Globo no Brasil, do Grupo Cisneros na Venezuela, do Grupo Clarín na Argentina e dos Grupos El Tiempo e RCN na Colômbia. Estes grupos multimídia igualaram liberdade de imprensa à liberdade de informação. E assim se transformaram em atores políticos fundamentais para a produção da estabilidade institucional e da governabilidade. As relações entre os grandes grupos de mídia e os governos em certos países da região foram de "amor eterno", tanto que se chegou a falar da "lei Clarín" na Argentina e da "lei Televisa" no México. Mas são amores perigosos. Enquanto a Televisa no começo do governo de Felipe

	Mapa das relações entre democracia e meios de comunicação na América Latina
Dimensões Econômicas	Propriedade: Grandes meios de comunicação e novos modelos de negócio. Pequenos meios cujo valor está nos canais de comunicação. Meios digitais sem modelo de negócio, mas com sedução para os cidadãos e redes de comunidades.
Dimensões Políticas	Poder: Meios de comunicação que exercem controle sobre o poder do Estado. Estados que controlam o poder dos meios de comunicação. Meios de comunicação e Estado do mesmo lado do projeto político.
	Usos midiáticos: Alto nível de sensibilidade e tensões na relação governos e meios. Novos populismos que usam os meios através da cooptação e/ou denúncia.
	Agendas públicas: A agenda empresarial é a mais importante porque decide nas sociedades capitalistas. A agenda dos políticos e governantes determina a discussão pública. A agenda midiática tem interesse comercial e, portanto, interesse no espetáculo. A agenda social é pouco midiática, mais de lobby político, internet e ação global. A agenda cidadã é instrumentalizada a favor de interesses políticos segmentados.
Dimensões Culturais	Sentidos: Transformações nos princípios e critérios de interpretação da realidade em direção mais às lógicas da identidade e da diversidade cultural do que a partir da justiça e da desigualdade. Mudança nos rituais de consumo para o consumo individual. Mudança nas rotinas e na utilização do tempo; aumento do ócio passivo. Transformação nos modos de participação e expressão, para práticas mais tecnológicas.

Calderón perdeu um pouco de poder com uma reforma constitucional que impedia, no futuro, investimentos em publicidade na televisão em tempos de campanha, na época da discussão de outra lei que limitava seu poder e elaborava o projeto de outro sistema de meios de comunicação, a mesma Televisa chantageou o PAN (partido governante), ameaçando tirá-lo da visibilidade pública, e fez com que seu porta-voz desaparecesse "digitalmente". Resultado: a Televisa venceu e mantém todos os seus privilégios. Os grupos Globo e Folha, no Brasil, enfrentaram o presidente Lula, mas pouco tempo depois perceberam que esta briga não era produtiva. Na Colômbia, Uribe insulta os meios de comunicação quando não lhe dão a devida importância; no entanto, boa parte da mídia sempre está a seu serviço. Na Venezuela, Equador, Bolívia e Uruguai, os presidentes mantêm uma controvérsia permanente com os poderes midiáticos. No Chile, Peru e em muitos países centro-americanos, a mídia tem o poder e domina o cenário político. Na Argentina, passou-se do amor total com o *Clarín* para o conflito total; o governo Kirchner, que renovou a licença do Canal 13 do Grupo por dez anos sem custos, agora mudou de posição com a lei aprovada no Congresso em 2009 e que criou um novo sistema midiático.

Paralelamente à presença dos grandes meios de comunicação, tanto no âmbito latino-americano quanto global, emerge um processo menos visível e pouco discutido, o surgimento de pequenos meios e redes de comunicação cidadãs. Se os grandes meios de comunicação procuram a maneira de tornar mais eficiente seu modelo de negócio e seu poder sobre a governabilidade e as decisões políticas, os pequenos meios tentam inserir-se na conjuntura política com uma proposta orientada para a construção de redes de comunicação e poder cidadão. Trata-se, na realidade, de uma série de oposições entre a lógica do grande contra o pequeno, do econômico corporativo contra o comunitário, do poder central contra os micropoderes, da estética das massas contra as estéticas localizadas.

A proposta dos meios comunitários parte de uma concepção que se insere nos processos, espaços e práticas em que os cidadãos podem colocar em circulação seus próprios relatos, suas estéticas e éticas e praticar a democracia, a partir de um âmbito participativo e plural. De acordo com a pesquisadora dos meios de comunicação cidadãos, Clemencia Rodríguez (2008), algumas premissas deste modelo são: o diálogo e a confiança, as experiências de participação, as tecnologias em perspectiva local e a política dos saberes subjulgados.

Para compreender os diferentes tipos de democracia dos meios cidadãos, uma das várias experiências dos meios comunitários latino-americanos é a Rádio Andaquí, uma emissora comunitária que iniciou sua trajetória em 1995, no município de Belén de los Andaquíes, território localizado entre o piemonte andino e a Amazônia colombiana, considerada zona de conflito armado e de cultivo de coca. Sua importância está no fato de que atua próxima das necessidades, expectativas e desejos dos cidadãos, enquanto os meios de comunicação de massa agem a partir do centro da "informação" como descrição e estão desconectados dos cidadãos.

A outra grande revolução consiste no fato de todos nós podermos nos transformar em cidadãos que produzem informação e que criam seus próprios meios de comunicação. Trata-se de uma possibilidade real porque estamos mais conscientes dos nossos direitos políticos e estamos aproveitando as possibilidades de comunicação da efervescência tecnológica digital através da internet e do celular. É possível observar algumas mudanças no cenário midiático latino-americano a partir da comunicação em rede: os grupos multimídia procuram incluir o cidadão através de blogs; surgem mais e melhores meios regionais e locais; mais meios gratuitos; prioridade cada vez maior dos meios online, da internet e do celular.

Este cenário midiático demonstra que estamos, ao mesmo tempo, frente a:

a) Um novo contexto tecnológico que implica mudanças nos modelos de negócios e de comunicação da mídia de massa;
b) Um novo cidadão que cansou de ser espectador e quer produzir suas próprias mensagens;
c) Uma profunda mudança na maneira e nos critérios de informar.

Estas são expressões de um reordenamento mais amplo da cultura, da comunicação e da sociedade, dentro das quais encontramos mudanças no consumo, nas rotinas e na utilização do tempo; transformação na maneira de participar e de se expressar; surgimento de novas estéticas, sensibilidades e narrativas.

Voltemos à pergunta inicial: Será que particularmente os meios de comunicação e a televisão são os que nos levaram a esta democracia enganosa de simulação-espetáculo, a esta política cínica? Aqui temos várias respostas:

- Os meios de comunicação têm poder..., mas não tanto para serem culpados pelos políticos e pela democracia que temos.
- A crise é de *toda* a política..., do legislativo..., dos partidos..., de ideias..., de justiça..., do meio ambiente..., de inclusão social..., de equidade social..., dos meios de comunicação de massa e do jornalismo. Tanto que agora os meios de comunicação e suas diversas maneiras de informar fazem parte do que é preciso mudar e da classificação dos políticos e telepresidentes.
- A comunicação midiática continua sendo uma questão estratégica para a pragmática da democracia, já que nela acontece a "tomada de decisões do poder".
- A democracia e a política estão presentes na velha política (sociedade de partido e ideologia; clientelismo e praça pública), nos velhos meios (sociedades contemplativas e entretidas; imprensa, rádio e televisão), e também nos novos meios (sociedades interativas e de rede; internet e celular).

Até agora, a democracia age em dois campos da política desconectados entre si: a esfera de poder (governo + empresários + meios de comunicação) e a esfera do social e cidadã (movimentos sociais + sociedade digital e interativa). A tomada de decisões do poder ainda é feita entre políticos, empresários e meios de comunicação.

As complexas dimensões que intervêm nas relações entre democracia e comunicação midiática nos obrigam a pensar em uma *reinvenção da mídia e da democracia* para obter mais densidade e diversidade de atores e cenários onde se travará a luta pelo significado social da política e a tentativa de diversificar as maneiras de produzir critérios para compreender o mundo da política.

Democracia / democracia de simulação

Dentro dessa problemática entre governos e meios de comunicação, que tipo de democracia temos? E aqui existem duas constatações dolorosas: a) A democracia se transformou em um adjetivo que serve para "legitimar" qualquer retórica, e não é praticada como um *ethos* ou modo de vida. b) A democracia se transformou em símbolo patriótico e unidimensional quando deveria ser a celebração da política, das diferentes opiniões e do pluralismo.

A democracia tem duas grandes concepções: as centradas na *democracia como um sistema* de eleição de governos e a *democracia como um ethos* ou um conjunto de valores e crenças que são aceitos por todos.

Norberto Bobbio, um dos teóricos mais citados em política, escreve que uma democracia entendida como um sistema seria uma definição mínima de democracia, a qual se refere como "um conjunto de regras (primárias ou fundamentais) que estabelecem quem está autorizado a tomar decisões coletivas e a partir de quais procedimentos" (Bobbio, 1984: 24). A principal regra democrática é, desta forma, a legitimação do poder através da eleição; mas as eleições só serão consideradas democráticas se cumprirem uma série de condições: existe algum tipo de *representação*; as decisões são tomadas *pela regra da maioria*; o contexto da eleição, assim como a tomada de decisões, deve ser caracterizado pelo respeito às *liberdades civis e políticas*.

Desta forma, podemos supor que as decisões são tomadas em deliberação por representantes eleitos pela sociedade. Diferencia-se de outros modelos como a democracia direta dos antigos gregos, mais ligados ao autogoverno. As democracias latino-americanas foram constituídas a partir de um tipo particular de representação, na qual os dirigentes representam interesses gerais e gozam de mais autonomia. Isto gerou inúmeras frustrações entre os cidadãos e a sociedade civil, o que levou a exigir maior participação cidadã e mecanismos que criem responsabilidade política e social nos representantes. Assim aparecem nossos presidentes atuais que pretendem superar o modelo da representação através de uma democracia mais participativa, mais direta, mais de pesquisas de opinião.

Assumindo a democracia como um *ethos*, um modo de conviver e de autogovernar-se, a esfera dos procedimentos (eleições, representantes, participação) será superada para dar lugar a uma série de princípios e valores tais como: respeito aos direitos humanos, exercício e primazia da tolerância para a coexistência dos diversos atores sociais, a não violência, o dissenso com argumento, o respeito pelo outro, a não incitação do ódio para com o outro e um profundo exercício de "prudência social" para poder produzir as transformações sociais.

Esta distinção entre definições mínimas e valorativas de democracia está no centro da discussão quando falamos de comunicação midiática e democracia na América Latina. Assim, para perceber se estamos frente a uma democracia "real ou fictícia", devemos responder pelo menos a duas perguntas: as regras ou condições de uma eleição democrática propriamente dita estão sendo cumpridas? Os valores, princípios e as instituições democráticas estão sendo respeitados?

Até agora, a democracia está indo bem como sistema eleitoral, mas mal como *ethos* e valor social. O mal-entendido sobre a ideia de democracia que existe na América Latina está no fato de que os cidadãos e os políticos lhe atribuem a solução das expectativas econômicas, do desenvolvimento e de uma justiça eficiente. A discussão a respeito da imagem ruim da democracia parece existir porque ela foi vendida como a fórmula mágica para os nossos problemas. E não correspondeu porque a democracia é um sistema político, não é um modelo econômico, uma fórmula de desenvolvimento ou uma maneira pela qual a justiça possa ser mais eficiente; é mais um modo de conviver, incluir e dialogar. A democracia não funcionou muito bem como sistema "Robin Hood" que tirava dos ricos para dar aos pobres. A constatação básica é que a democracia se transformou em um adjetivo, perdendo seu valor de *ethos*, de um modo de vida. Desta forma, nós cidadãos, voltamos a procurar o que ficou gravado em nosso corpo social: os sistemas tradicionais de poder baseados na fé religiosa, na autoridade feudal e nas práticas de solidariedade primária da família e compadrio – ao que a pesquisadora argentina Alicia Entel (2009) chama de "a paixão restauradora".

A democracia é um relato que deveria ser entendido, segundo o filósofo da Universidade dos Andes, Carlos B. Gutiérrez, como o "cultivo do dissenso", isto é, acima de tudo ter sempre em mente que o outro pode ter razão. "Se privarmos alguém disso, perde-se a melhor parte da vida" e da democracia. E sobre isto os telepresidentes sabem muito pouco.

Por uma reinvenção da relação entre meios de comunicação e democracia

Os meios de comunicação são importantes enquanto são poder. Poder para articular agendas, poder para defender projetos políticos, poder para ampliar as vozes da sociedade, poder na produção da esfera pública. A mídia do poder continua existindo enquanto intervém na tomada de decisões. Entretanto, vimos que seu poder democrático se enfraqueceu e aumentou a sua lógica de entretenimento e melodrama e seu interesse comercial. Por esta razão é que os governantes se transformaram em atores *celebridades* das telas e os meios de comunicação diminuíram a sua função de cenário principal do debate público e da visibilidade política. De acordo com o mapa de relações exposto, podemos concluir que os meios de comunicação:

- Passaram de cenários públicos para atores que defendem um modelo liberal de mercado e uma esfera pública homogênea.
- Quanto maior o uso instrumentalizado da mídia (em campanhas eleitorais e como ferramentas de manutenção dos governos), menor é a contribuição dos meios de comunicação para a lógica da democracia e maior é o apoio à hegemonia dos projetos políticos que defendem.
- Quanto maior a concentração da propriedade dos meios de comunicação, menor visibilidade, circulação e articulação das diversas vozes e agendas públicas; portanto, menor é a contribuição dos meios de comunicação para as lógicas da democracia e para a diversificação das várias maneiras de pensarmos a realidade.
- Diante da desconexão dos meios de comunicação frente às necessidades e expectativas da sociedade, maior é a ampliação e diversificação dos pequenos meios comunitários e das comunidades digitais para visibilizar e dinamizar suas agendas, seus processos participativos, suas próprias vozes e estéticas.

Neste contexto, é necessário reinventar os meios de comunicação para melhor assumir a sua aposta na democracia. Como? Pensando e produzindo os meios em uma lógica de qualidade e governabilidade democrática. Talvez um começo seja criar possíveis critérios. Uma tentativa é apresentada na página seguinte.

O que é certo é que, para aprofundar a democracia e ganhar em justiça social e liberdades públicas, os meios de comunicação e os jornalistas deveriam "aproveitar" seu poder para imaginar alternativas possíveis por meio de uma racionalidade democrática e plural que se construa a partir de um princípio de promoção da inclusão e de respeito pelas diferenças.

> **Critérios midiáticos para uma
> GOVERNABILIDADE E QUALIDADE democrática**
>
> **Assumir que a democracia é um sistema político** (não um modelo econômico, militar ou religioso); portanto, é uma experiência de poder público que reconhece a diversidade de opiniões e de sujeitos sociais. Sendo assim, é preciso garantir a diversidade de posturas ideológicas, etnias, crenças religiosas e diferenças de gênero.
>
> **O compromisso midiático é com a governabilidade democrática.** As maneiras de informar e entreter devem ser cenário público de articulação dos diversos poderes que incluem e produzem a democracia; portanto, devem adotar perspectivas plurais a despeito de seu projeto de hegemonia política.
>
> **Fazer da liberdade de informação um ato de poder cidadão e público.** Os meios de comunicação devem ser responsáveis ao exercer seu direito de informar com critério, qualidade narrativa, diversidade de fontes, contextos com sentido e bases de interpretação. A qualidade jornalística é a melhor forma de contribuir para a democracia.
>
> **Incentivar o direito à comunicação.** O direito à liberdade de informação que os meios de comunicação defendem tem como contrapartida o direito à comunicação dos cidadãos. Os meios de comunicação devem compreender que o direito a comunicar é de todos os cidadãos e que, portanto, a existência de meios comunitários e digitais é sinal de uma democracia melhor. Deveriam, também, informar e entreter com a participação das próprias comunidades ou organizações da sociedade civil; priorizar a presença de relatos testemunhais e de *vozes oblíquas*.
>
> **Transparência nos recursos da mídia.** Transparência sobre os projetos políticos e o modo de funcionamento do negócio, além de autorregulação sobre as maneiras de se relacionar com as empresas, os governos e os políticos. Os meios de comunicação devem estabelecer mecanismos de transparência sobre as diversas maneiras de informar e as fontes de financiamento. Os meios de comunicação devem ser exemplo daquilo que exigem dos poderes públicos e dos cidadãos. Internamente, os meios deveriam estar regulados por leis antimonopólio, códigos de autorregulação informativa, mecanismos públicos de prestação de contas.

Os meios de comunicação são um poder necessário e útil para a democracia se eles encontrarem seu novo papel frente ao poder de sedução, agenda e controle dos governantes e políticos (que cada vez são mais profissionais em sua maneira de agir na mídia) e ao poder cidadão que se expressa nos meios locais, nas comunidades em rede e na subjetividade celular (que cada vez mais produzem melhores mensagens que a mídia).

Os meios de comunicação serão necessários e democráticos e terão um significado para a sociedade e a vida pública se criarem possibilidades de encontro/confronto/diálogo entre uma diversidade de fontes, atores e bases interpretativas; se voltarem ao básico: ser cenários onde se compete simbolicamente para ganhar sentido na vida pública. Se a mídia do poder não se reinventar, se não forem construídas esferas públicas diferentes, teremos chegado a uma *democracia de simulação*, que é útil a todos os outros poderes, mas não à sociedade inclusiva, à justiça social e aos direitos humanos. A democracia de simulação serve a todas as ideologias, empresas, clientelas políticas, corruptos, máfias..., mas pouco serve aos cidadãos. A democracia de simulação é o ideal imaginado pela mídia como negócio/espetáculo e pelos governos autoritários como democracia de eleição e legitimação do eu-presidente.

A mídia do poder tematizou a política, a sociedade e a cultura e em certas ocasiões também adotou posturas críticas a respeito de seu próprio funcionamento. No entanto, os meios de comunicação de massa ainda não puderam resolver internamente como se comprometer como instituição ou espaço comunicativo *entre si* e com a democracia na nossa região. O cientista político equatoriano Felipe Burbano de Lara[1] acredita que os meios de comunicação foram "incapazes de captar, compreender e expressar os desejos de mudança da sociedade", de compreender e expressar essas outras democracias. Tal incapacidade acontece quando a maneira de relatar da mídia não inclui essas outras linguagens, histórias e pontos de vista que existem na democracia. É preciso imaginar novas formas de ser mídia e de ser democracia, mas a mídia e os jornalistas não podem continuar negando que vivem uma crise de sentido político em sua maneira de informar, ao estar desconectados com a sociedade e não encontrar seu lugar no novo ecossistema da mídia.

A responsabilidade dos meios de comunicação chega só até as instâncias nas quais eles conseguem se definir a respeito de um tema, mas até agora não chegaram a formular uma proposta que implique uma transformação narrativa, estética e política interna ou um tipo de "reforma de si mesmos", ou que estabeleça critérios para "contribuir" com a democracia. Seu principal critério de contribuição para a democracia é sua "maneira de entender" a liberdade de informação que procura diluir sua ação interessada nos jogos do poder.

---

[1] Argumento exposto na conferência sobre mídia e política na América Latina, Universidade Andina, Quito, 21 de maio de 2009.

Pensando em como os meios de comunicação podem aprofundar a democracia e sobreviver aos telepresidentes surgem as seguintes hipóteses:

- Adotar os novos contextos tecnológicos (todos somos produtores de comunicação) e políticos (o respeito pelos direitos e expressões do eu-cidadão).
- Transformar as maneiras e critérios de informar; jornalistas e meios de comunicação devem apostar na democracia, informando com qualidade o contexto, as fontes, as bases interpretativas e a narrativa social.
- Pensar a governabilidade midiática a despeito do projeto de hegemonia política promovido por políticos, empresários e governo.
- Compreender que o direito à liberdade de informação deve promover o direito à comunicação dos cidadãos.
- As fontes de financiamento privadas e públicas têm responsabilidade com a diversidade dos meios.
- Comunicar e informar com transparência e com códigos éticos de autorregulação.

Paradoxo final: Os meios de comunicação são muito bons quando se pronunciam e adotam "perspectivas democráticas" *para fora* – exemplo disto é o discurso de responsabilidade social e a exigência pública de transparência dos governos – mas têm falhado no processo de se reinventar em prol da democracia. A reinvenção da mídia é necessária para melhor assumir sua aposta na democracia. Talvez um começo esteja em delinear possíveis caminhos sobre o que denominamos "critérios midiáticos em direção à governabilidade e qualidade democrática".

Bibliografia

Bobbio, Norberto. *El futuro de la democracia*. FCE Editorial, México, 1984.

Bonilla, Jorge Iván. "¿De la plaza pública a los medios de comunicación? Apuntes sobre medios de comunicación y esfera pública". Em *Revista Signo y Pensamiento*. Pontifícia Universidade Javeriana.

Faculdade de Comunicação e Linguagem. nº 41, vol. XXI, julho--dezembro. Bogotá, Colômbia, pp. 82-89, 2002.

Entel, Alicia. Em J. Martín Barbero (coord.). *Entre saberes desechables y saberes indispensables [agendas de país desde la comunicación].* Bogotá. FES/C3, 2009. Disponível em: http://www.c3fes.net/docs/agendascomunes_saberes_rincon.pdf.

Forero, Carolina. 2009. Disponível em: http://www.trendlab360.com.

Gargarella, Roberto. *Nos los Representantes.* Miño y Dávila Editores. Buenos Aires, 1995.

Laclau, Ernesto. *La razón populista.* Fundo de Cultura Econômica. Buenos Aires, 2005.

Lazarsfeld, Paul, F. "*La campaña electoral ha terminado*". Em: De Morgas, Miguel. *Sociología de la comunicación de masas.* Ed. Gustavo Gilli. Barcelona, pp. 171-191, 1982.

Martín Barbero, Jesús. "De los medios a las mediaciones. Comunicación cultura y hegemonía". *Convenio Andrés Bello.* Colômbia, 2003.

Rincón, Omar. *Narrativas mediáticas.* Gedisa. Barcelona, 2006.

Rincón, Omar (ed.). *Se nos rompió el amor [elecciones y medios de comunicación – América Latina 2006].* Centro de Competencia en Comunicación para América Latina Frederich Ebert Stiftung. Bogotá, Colômbia, 2007. Disponível em: http://www.c3fes.net/docs/rompioelamor.pdf.

Rincón, Omar (ed.). *Los Tele presidentes: cerca del pueblo, lejos de la democracia.* Centro de Competencia en Comunicación para América Latina Frederich Ebert Stiftung. Bogotá, Colômbia, 2008. Disponível em: http://www.c3fes.net/docs/lostelepresidentes.pdf.

Rodríguez Clemencia (ed.). "Lo que le vamos quitando a la guerra: medios ciudadanos en contextos de conflicto armado en Colombia".

Centro de Competencia en Comunicación para América Latina Frederich Ebert Stiftung. Bogotá, Colômbia, 2008. Disponível em: http://www.c3fes.net/docs/quitandoalaguerra.pdf.

Sánchez Ruiz, Enrique. "Medios de comunicación y democracia". *Enciclopédia Latino-americana de Sociocultura e Comunicação*. Grupo Editorial Norma. Bogotá, 2005.

Thompson, J. B. *Los media y la modernidad*. Paidós. Buenos Aires, 1998.

Zizek, Slavoj. *El sublime objeto de la ideología*. Siglo XXI. Argentina, 1992.

Discursos presidenciais:

Discurso de tomada de posse do Dr. Raúl Alfonsín como presidente da República Argentina, na Assembleia Legislativa em 10/12/1983.

Censura judicial à imprensa no Brasil: autorregulação e maturidade democrática[1]

Carlos Eduardo Lins da Silva

Sumário

Apesar de estar usufruindo do mais longo período de liberdade de expressão e democracia política de sua história, a sociedade brasileira ainda se depara com muitas situações de censura prévia e intimidação a jornalistas e veículos de comunicação social, quase todas decorrentes de sentenças judiciais de primeira instância. A saída para que essas situações diminuam está em fórmulas de autorregulação do jornalismo, que precisa lidar com seus próprios e não poucos abusos e erros, e na maturidade democrática coletiva, que delimitará na prática a ação tanto de juízes quanto de jornalistas.

---

[1] O autor é grato à professora Sylvia Moretzsohn, do Departamento de Comunicação da Universidade Federal Fluminense, pelas críticas e sugestões feitas à versão preliminar deste texto, várias delas incorporadas nesta sua forma final.

Introdução

Quem visita as novas instalações do Newseum, o Museu da Notícia, inauguradas em abril de 2008 em Washington, encontra no terceiro andar um grande mapa-múndi em que os países são classificados conforme o grau de liberdade de imprensa de que desfrutam suas sociedades, de acordo com classificação feita pela organização não governamental Freedom House, fundada em 1941 e respeitada internacionalmente pela sua seriedade.

Muitos brasileiros que passam por ali se surpreendem – e alguns se revoltam – com o fato de o mapa do Brasil estar em amarelo, cor que corresponde a "parcialmente livre". De fato, possivelmente, a maioria dos brasileiros tem a impressão de que neste país a imprensa goza de liberdade praticamente irrestrita.

Não que todos devam tomar como verdade incontestável tudo o que é exposto e relatado pelo Newseum, porque ele nem sempre obedece a padrões indiscutíveis de rigor científico ou isenção ideológica nem precisa ser necessariamente tomado como expressão de julgamento respeitável. São muitos os exemplos observáveis de ausência de contextualização histórica e política na visitação ao museu, como, por exemplo, estarem lado a lado no Memorial dos Jornalistas, como se fossem comparáveis na condição de símbolos de martírio pela liberdade de expressão no Brasil, os nomes de Vladimir Herzog e de Alexandre Von Baumgarten,[2] para não falar em simples despautérios como um "jogo da ética", em que complexas questões morais são reduzidas a situações em que o visitante deve decidir o que é certo e o que é errado eticamente com base em múltipla escolha de respostas.

Mas a colocação do Brasil na categoria de país com imprensa parcialmente livre nesse espaço, visitado diariamente por dezenas de milhares de pessoas provenientes das mais diversas partes dos EUA e do mundo, seguramente ajuda a disseminar uma determinada imagem do

---

[2] Vladimir Herzog era um respeitado jornalista e professor da Universidade de São Paulo que foi preso e morto em 1975 durante a ditadura militar, quando era diretor de jornalismo da TV Cultura, emissora pública do Estado de São Paulo; Alexandre Von Baumgarten era um jornalista obscuro ligado aos órgãos de segurança da ditadura militar, com quem colaborava, que foi sequestrado e morto em 1982, já no final da ditadura, em circunstâncias ainda não esclarecidas, mas muito provavelmente em uma operação de "queima de arquivo" por parte de pessoas desses órgãos de segurança.

país e seu jornalismo, que – mesmo não condizendo com a experiência de muitos brasileiros, talvez a maioria – ainda assim tem suas razões de ser, como se pretende mostrar a seguir, e exige reparos em favor do fortalecimento das instituições democráticas brasileiras.

Desde o fim do regime militar em 1985 – e mesmo nos seus anos derradeiros, quando o processo de abertura política se intensificou, em especial a partir de 1979 – o jornalismo brasileiro vem agindo de modo independente, por vezes agudamente crítico, de governos em todos os níveis, instituições, pessoas, empresas.

Durante o processo de *impeachment* do presidente Fernando Collor de Mello, no início da década de 1990, seu poder de fogo pôde ser bem dimensionado: os meios de comunicação foram um dos instrumentos mais importantes usados pela sociedade para levar o Congresso à punição do presidente.

Por vezes, não são poucas nem desimportantes ou discretas as vozes que se levantam contra o que elas consideram excessos da imprensa e há situações em que de fato abusos injustificáveis são cometidos. Assim, não é de surpreender que muitos estranhem o conceito de liberdade parcial de imprensa atribuído ao país.

A classificação é feita com base em diversos critérios, que vão de assassinatos de jornalistas como retaliação pelo seu trabalho (desde 2008, felizmente, o Brasil não tem casos desse tipo, embora haja um sob suspeita, do cinegrafista Walter Lessa de Oliveira, morto por um tiro em Maceió, que havia participado de reportagens sobre o tráfico de drogas na cidade) a outros incidentes de violência contra pessoas ou veículos de comunicação e ao tipo de legislação vigente no país para regular as relações entre mídia e sociedade.

Um dos motivos principais, senão o principal, para essa "nota" baixa dada ao Brasil no Newseum é que, segundo a Freedom House, a liberdade de imprensa no país "continua sendo tolhida por ações civis e criminais por difamação, que cresceram ao nível dos milhares nos últimos anos e são frequentemente usadas por políticos, autoridades e empresários como instrumentos de intimidação contra jornalistas e veículos de comunicação". Poucos países no continente americano, talvez apenas o Chile, padecem desse tipo de problema que aflige muito o Brasil.

As justificativas da Freedom House prosseguem: "Juízes de cortes inferiores muitas vezes interpretam artigos dos códigos civil e penal contra a imprensa em casos de "danos morais", impondo multas desproporcionalmente altas contra a imprensa. Embora muitos casos sejam revistos por recursos a instâncias superiores, episódios de censura imposta pela Justiça limitam o direito do público à informação e promovem autocensura entre jornalistas".[3]

Vácuo jurídico?

Diferentemente de todas as situações anteriores da história da liberdade da imprensa no Brasil, a principal ameaça a ela no início do século XXI não procede do Poder Executivo, que foi quem a cerceou em diversos momentos no passado. É o Poder Judiciário quem se constitui atualmente na principal ameaça à liberdade de expressão.

E essa tendência pode – paradoxalmente – ter aumentado com a decisão do Supremo Tribunal Federal, tomada por sete votos a quatro em 30 de abril de 2009, segundo a qual a Lei de Imprensa (Lei 5.250/67), imposta durante o regime militar e uma das mais restritivas do mundo, era incompatível com a ordem constitucional vigente após a promulgação da Constituição de 1988 e, portanto, deveria deixar de valer, o que ocorreu imediatamente.

Diversos juristas argumentam que se criou com isso um "vácuo jurídico," não só em relação a processos que estavam em andamento com base na legislação de 1967, mas também em relação a como os juízes agirão no futuro. Como diz, por exemplo, Walter Ceneviva: "O temor se relaciona por dois pontos. O primeiro decorre da possibilidade de se criar, sem a lei, um universo de decisões diferentes, ao sabor das convicções de cada juiz nas comarcas nacionais, sem parâmetros específicos. O segundo está ligado à falta de delimitação e quantificação da gravidade das ofensas, os justos critérios indenizatórios, prescrição e decadência do direito e o direito de resposta, entre outros".[4]

Sem o embasamento proporcionado por um instrumento específico ao jornalismo, juízes terão de decidir com base apenas na interpretação das leis comuns, como o Código Penal, que tipifica crimes contra a honra (calúnia, injúria e difamação), os quais também constavam na Lei de Imprensa, mas com tipificações e penas específicas. Ou seja: entre

---

[3] Ver http://www.freedomhouse.org/template.cfm?page=251&year=2008.
[4] Ceneviva, Walter. "Nova comunicação pós-STF". *Folha de S.Paulo*, 21/11/2009.

1967 e 2009, enquanto a Lei de Imprensa esteve em vigor, calúnia, injúria e difamação praticadas em veículos de comunicação eram delitos diversos de calúnia, injúria e difamação cometidas sem a utilização de meios de comunicação e mereciam punições distintas. Esses crimes já estavam tipificados antes da Lei 5.250/67, no próprio Código Penal, em sua versão de 1940. A Lei de Imprensa colocou sob seu manto os casos de infração contra a honra cometidos por veículos de comunicação. O fim da vigência da lei, aparentemente e na opinião da maioria dos especialistas, remete de volta e apenas ao Código Penal o julgamento de suspeita desses crimes quando cometidos pela imprensa. Além disso, a Lei de Imprensa tratava de diversos outros aspectos da atividade jornalística, entre eles o direito de resposta, que agora ficam sem anteparo legal próprio.

Mas o assunto ainda precisa de um entendimento legal definitivo, que pode ser dado ou por súmula vinculante [quando o Supremo Tribunal Federal explicita que uma decisão sua sobre um caso individual vale para todos os similares que chegarem posteriormente a essa decisão] ou pela aprovação de uma nova lei específica para os veículos de comunicação ou simplesmente, como muitos acreditam, pela simples maturação coletiva da sociedade, da imprensa e dos tribunais.

O primeiro caso de suposto abuso jornalístico julgado após o fim da Lei de Imprensa ocorreu em maio de 2009, quando o Superior Tribunal de Justiça [o segundo tribunal mais importante na hierarquia do sistema jurídico brasileiro, logo abaixo do Supremo Tribunal Federal] entendeu que os órgãos de comunicação só devem ser punidos por reportagens falsas se houver provas de que a falsidade já era ou poderia ser conhecida antes de sua publicação.

A Terceira Turma do STJ se baseou no Código Civil, na Constituição e no Código de Ética dos Jornalistas para julgar o tema e reverteu duas decisões que condenaram a Rede Globo por difamação e calúnia.[5] A parte derrotada, um empresário que havia sido citado na reportagem como ligado a uma organização criminosa, vai recorrer ao Supremo Tribunal Federal. A decisão do STF será acompanhada certamente com grande expectativa por todos os interessados neste assunto.

---

[5] "STJ julga o primeiro caso após a revogação da Lei de Imprensa". *Folha de S.Paulo*, 30/05/2009.

À mercê dos juízes e da mídia

Enquanto o problema como um todo não for resolvido de alguma forma abrangente, o que pode demorar muito caso iniciativas para elaborar nova lei específica prosperem (pelo menos é isso que permite prever a experiência acumulada no Brasil sobre a lentidão com que as leis são elaboradas e tramitam no Legislativo até sua entrada em vigor), a imprensa nacional continuará à mercê de interesses e humores de juízes que nem sempre primam pela fidelidade aos princípios expressos pelo artigo 220 da Constituição, o qual afirma: "A manifestação do pensamento, a criação, a expressão e a informação, sob qualquer forma, processo ou veículo não sofrerão qualquer restrição".

É claro que nem todas as decisões da Justiça, nem mesmo de primeira instância, sempre ameaçam a liberdade de imprensa. Muitas seguem rigorosamente os preceitos constitucionais. Por exemplo, a ação coordenada que seguidores da Igreja Universal do Reino de Deus[6] desencadearam contra o jornal *Folha de S.Paulo*, em que 107 processos foram iniciados com pedidos de indenizações por danos morais, após a veiculação em 2007 de uma reportagem que desagradou aos líderes da igreja, tem fracassado. Todos os 66 casos julgados (até novembro de 2009) tiveram sentença favorável à *Folha*.[7] Os cidadãos que acionaram o jornal exerceram seu direito de tentar obter na Justiça reparação pelo que consideraram ter sido material que lhes era prejudicial. Mas os juízes que avaliaram suas justificativas resolveram a favor da liberdade jornalística.

Os pesquisadores do jornalismo brasileiro ofereceriam importante contribuição à sociedade se fizessem um levantamento extensivo de todas as ações judiciais impetradas contra veículos de comunicação no Brasil durante um determinado período de tempo. Assim, seria possível termos uma noção mais exata de que porcentagem deles é decidida a favor e contra a imprensa e em acordo ou desacordo com o princípio constitucional de garantia da liberdade de expressão e de imprensa.

Também é verdade que ocorrem situações em que veículos de comunicação abusam do seu direito de informar e opinar e praticam cri-

---

[6] Uma das mais populares igrejas evangélicas do país, com dezenas de milhões de seguidores, que usa canais de TV e rádio para propagar sua doutrina.
[7] "Juiz julga improcedente ação contra a Folha". *Folha de S.Paulo*, 29/01/2009.

mes de injúria, calúnia ou difamação. Ou, por veicularem informações erradas ou distorcidas, causam danos de monta a pessoas ou instituições. E, em decorrência disso, merecem ser punidos pela Justiça e muitas vezes não o são, ou porque a decisão da Justiça lhes é favorável ou porque as vítimas nem sequer os acionam judicialmente.

O enorme poder que se atribui à mídia (mas que de fato não é tão grande quanto se acredita) de provocar mudanças na ordem política e social é muito subdimensionado onde ele realmente existe em grande proporção, ou seja, na esfera da vida privada. Os efeitos da atenção jornalística sobre a pessoa comum podem ser devastadores, em especial quando ela é acusada de crimes, contravenções ou malfeitorias que não cometeu. A súbita notoriedade negativa abala o espírito, humilha os familiares, cria desconfianças, atrapalha negócios e relacionamentos, pode destruir o caráter e até levar ao suicídio, como ocorreu algumas vezes.

São tristemente célebres, para citar apenas alguns exemplos brasileiros recentes, os episódios da Escola Base,[8] do ex-ministro Alceni Guerra e do ex-deputado Ibsen Pinheiro.[9] Mesmo quando indenizações foram impostas aos meios de comunicação, como no caso da Escola Base, foram insuficientes para refazer a vida destroçada daquelas pessoas simplesmente acusadas falsamente de terem cometido crimes hediondos e sumariamente condenadas pela opinião pública antes mesmo que os processos criminais tivessem sido iniciados, que dirá concluídos.

É igualmente fato comprovável que um número enorme de cidadãos prejudicados pela mídia, especialmente entre os mais simples do ponto de vista intelectual e entre os menos ricos e influentes na sociedade, se intimidam diante do poder de grandes meios de comunicação. Avaliam que suas chances de vencer tais meios na Justiça são diminutas e que mover um processo lhes será provavelmente custoso, problemático e ineficaz e, portanto, preferem ser prejudicados sem recorrer aos canais a que têm direito. Desse modo, muitos crimes de imprensa passam impunes.

---

[8] Diretores e professores de uma escola particular de primeiro grau foram acusados por crianças e policiais de cometerem abusos sexuais contra alunos; os veículos de comunicação deram ampla repercussão a essas acusações, que se revelaram completamente falsas.
[9] Alceni Guerra, ministro da Saúde no governo de Collor de Mello foi falsamente acusado de corrupção, assim como Ibsen Pinheiro, deputado federal, ambos na década de 1990.

O recurso dos poderosos

Entre os poderosos, no entanto, em especial nas comunidades pequenas, e em particular entre os que têm boas ligações com magistrados, o que ocorre é exatamente o inverso: eles apelam aos tribunais com desinibição, recebem tratamento preferencial e – pelo menos na primeira instância – em geral são bem-sucedidos em seus pleitos, frequentemente abusivos não apenas em termos dos valores monetários que pedem para sua indenização como até, o que é mais grave e menos admissível, na simples proibição da veiculação de informações, que muitas vezes não são nem falsas nem caluniosas, injuriosas ou difamatórias.

Mesmo que os tribunais de recursos depois revejam decisões que claramente contrariam o espírito da lei maior, estas continuarão causando consideráveis danos ao público, a veículos de comunicação e a jornalistas individuais. E esses danos, embora os mais ostensivos atinjam principalmente os meios de comunicação menores (e, portanto, mais indefesos) em cidades e estados afastados dos grandes centros de poder, atingem de fato toda a mídia.

A revista *Consultor Jurídico*, por exemplo, realizou levantamento do número de ações de indenização por danos morais que existem contra os cinco principais grupos de comunicação do país (Globo, Abril, Folha de S.Paulo, O Estado de S.Paulo e Editora Três) e constatou que em 2007 havia praticamente uma para cada jornalista empregado por esses grupos (3.133 processos em um universo de 3.237 jornalistas).[10] O mesmo estudo mostra que o valor médio das indenizações pedidas havia quadruplicado em quatro anos (de R$ 20 mil a R$ 80 mil), para uma quantia equivalente a 53 vezes o salário médio dos jornalistas daquelas organizações empresariais.

Outro levantamento, realizado pela ONG Artigo 19, com sede na Inglaterra e que mantém uma seção brasileira, que defende a liberdade de expressão, constata que "um número significativo de decisões liminares concedidas por juízes de primeira instância têm constituído censura, inclusive censura prévia, em situações nas quais informações sobre os autores das ações judiciais são proibidas de serem publicadas".[11]

---

[10] Ver http://www.conjur.com.br/2007-mai-31/aumenta_valor_medio_indenizacoes_imprensa.
[11] Disponível em: http://www.article19.org/pdfs/publications/brazil-mission-statement-port.pdf.

Inegavelmente, como se verá em exemplos abaixo relatados, em muitos casos essas decisões, tanto de censura quanto de indenizações monetárias elevadas por supostos danos morais, constituem abuso de poder. E, embora 80% delas sejam depois revistas pelos tribunais superiores (de acordo com estimativa registrada no mesmo relatório da Artigo 19), seus efeitos nefastos sobre a cidadania e sobre o livre negócio da comunicação se fazem sentir dramaticamente, mesmo porque muitas dessas revisões podem levar anos até serem concluídas. E em 20% dos casos, as decisões desfavoráveis aos jornalistas e à liberdade de imprensa se mantêm até o fim dos recursos.

O acórdão referente à decisão do Supremo Tribunal Federal que acabou com a existência da Lei de Imprensa do regime militar, publicado em 6 de novembro de 2009, garantiu aos veículos de comunicação o direito de recorrer diretamente ao STF quando se sentirem vítimas de censura. Com isso, será possível acelerar muito o processo, já que uma decisão de primeira instância não precisará passar pelas diversas intermediárias (o que usualmente leva anos) até o Supremo. O acórdão também abre a perspectiva de que o índice de 80% de sucesso na refutação à censura seja mantido ou ampliado porque em geral as decisões do STF têm sido norteadas pelo respeito ao artigo da Constituição que garante a liberdade de imprensa. Como disse o ministro Carlos Ayres Britto no acórdão: "Não há liberdade de imprensa pela metade ou sob as tenazes da censura prévia, inclusive a procedente do Judiciário, sob pena de se resvalar para o espaço inconstitucional da prestidigitação jurídica".[12]

Casos exemplares

O episódio de maior repercussão de todos eles ocorreu em 30 de julho de 2009, quando um desembargador do Tribunal de Justiça do Distrito Federal, Dácio Vieira, proibiu em decisão liminar o jornal *O Estado de S.Paulo* de publicar qualquer informação relativa à Operação Boi Barrica, ação da Polícia Federal que investigava, entre outros, Fernando Sarney, filho do presidente do Senado e ex-presidente da Repú-

---

[12] "Jornais agora podem contestar atos de censura no próprio STF". *Folha de S.Paulo*, 7/11/2009.

blica, José Sarney, então sob acusação de estar envolvido ou de ter praticado inúmeros atos ilegais.

A investigação da PF corria sob segredo de Justiça. Se não respeitasse a decisão – que não foi divulgada por também ser sigilosa –, o jornal seria punido com multa de R$ 150 mil por reportagem publicada. O jornal cumpriu a determinação do desembargador. Nenhum outro veículo se dispôs a publicar as informações de que ele dispunha por presunção (corroborada pela maioria dos advogados especializados) de que também seriam impedidos de fazê-lo e punidos se o fizessem. Em setembro, outubro e novembro, no entanto, a *Folha de S.Paulo* publicou trechos de gravações da Polícia Federal feitas durante a Operação Boi Barrica, mas não disse que sua origem era essa operação. A Justiça não reagiu contra a *Folha de S.Paulo*.

O Estado de S.Paulo entrou com recurso. Mas outro desembargador, Walter Leôncio, do mesmo tribunal, manteve a liminar sob o argumento da prudência, até obter mais informações de seu colega e do Ministério Público sobre o caso. Antes, o jornal já havia tentado sustar a liminar sob alegação de suspeição do desembargador Dácio Vieira, que reconhecidamente possui relações de amizade com a família Sarney. Em novembro, o jornal entrou com recurso junto ao STF, mas o ministro que o recebeu também pediu prazo até dezembro, para decidir. A censura vigeu por pelo menos 120 dias. Nesse período, as informações que ela impediu de virem a público (embora outras, similares, estivessem sendo veiculadas por toda a mídia, inclusive o próprio *O Estado de S.Paulo*) poderiam ter ajudado a mobilizar a opinião pública contra o senador Sarney, cuja renúncia ou destituição do cargo era reivindicada por parcela respeitável da opinião pública brasileira. O senador, com o apoio do presidente da República, aparentemente se safou da ameaça de perder o cargo. É impossível avaliar o quanto a censura a *O Estado de S.Paulo* o ajudou em sua bem-sucedida luta pela sobrevivência política.

A censura judicial imposta a *O Estado de S.Paulo*, um dos três maiores e um dos mais antigos diários em circulação no país, reconhecido mundialmente como referência de boa qualidade e de defesa dos princípios de liberdade de expressão na imprensa brasileira, gerou reação em diversos países. A Associação Mundial de Jornais, o Fórum Mundial de Editores, a Organização dos Estados Americanos, a Sociedade Interamericana de Imprensa, a Federação Internacional de Jornalistas, o Comitê para a Proteção de Jornalistas, a ONG Repórteres Sem Fronteiras foram algumas das entidades internacionais que enviaram correspondência aos presidentes da República do Brasil e do Supremo Tribunal Federal para manifestar preocupação, expressar inconformismo e exigir revogação da censura. Além disso, muitas organizações nacionais, políticos de diversos partidos, intelectuais e juristas protestaram contra a decisão. Até o *New York Times*, em 31 de agosto de 2009, registrou o caso com destaque, em meio a longa reportagem sobre as novas ameaças contra jornalistas na América Latina.[13]

Esta, no entanto, não é a reação-padrão aos diversos casos de censura desse tipo que ocorrem no Brasil com frequência crescente. O fato de envolver uma empresa jornalística poderosa, influente e respeitada motivou a mobilização que acabou por ocorrer e que, ainda assim, como se viu, foi insuficiente para que a decisão de primeira instância fosse revertida rapidamente. Isso, apesar de o próprio presidente do STF, ministro Gilmar Mendes, a mais alta autoridade da Justiça no país, ter pedido publicamente celeridade na revisão da liminar: "É preciso que esse assunto não fique na avaliação de um único juiz, que o tribunal se pronuncie, dando ensejo a que o tema tenha o curso normal. Se for o caso, que vá para as instâncias superiores".[14]

No entanto, o Tribunal de Justiça do Distrito Federal não se deixou sensibilizar pelos comentários de Mendes e outros juristas de quilate similar, como seu antecessor na presidência do STF, Carlos Velloso, que disse: "o mandado é um remédio constitucional, assim como o *habeas corpus*, porque trata de garantias previstas na Carta. Deve receber tramitação mais rápida, preferencial a outros processos. Mandados entram em pauta em primeiro lugar. Os regimentos dos tribunais e os códigos consagram a preferência para o julgamento dessas ações constitucionais".[15]

Padrões de comportamento

O caso de *O Estado de S.Paulo* é excepcional, apesar de paradigmático. Muito mais típico nessas situações de censura jurídica é a sociedade simplesmente ignorar os abusos, que acabam se concretizando e fre-

---

[13] Barrionuevo, Alexei. "Latin American Journalists Face New Opposition". *The New York Times*, 31/08/2009.
[14] "Repúdio à censura". *O Estado de S.Paulo*, 20/08/2009.
[15] "Dilatando a censura". *O Estado de S.Paulo*, 05/09/2009.

quentemente se perpetuando. Tome-se uma situação de junho de 2009. Um jornal de Santa Cruz do Rio Pardo (pequena cidade do interior do estado de São Paulo) foi condenado a pagar R$ 593 mil de indenização por danos morais a um juiz, valor que corresponde a dois anos e meio de faturamento bruto da empresa.

Seu proprietário, o jornalista Sérgio Fleury Moraes, afirma que a decisão é uma "pena de morte econômica", uma vez que irá obrigá-lo a fechar o semanário, publicado há 32 anos. A ação de indenização por danos morais, movida pelo juiz Antônio José Magdalena, transitou em julgado (quando a decisão é definitiva e não cabe mais nenhum recurso) em 2002, e em 24 de junho de 2009 entrou em fase de execução sem que houvesse mobilização de porte nem da sociedade nem da indústria jornalística nem dos sindicatos de trabalhadores em veículos de comunicação.

A ação teve início em 1995, depois que o jornal *Debate* publicou reportagem que dizia que o juiz morava numa casa com o aluguel pago pela prefeitura local e contava com uma linha telefônica também custeada pelo município. Em 1996, a repercussão da disputa entre o juiz e o jornalista ultrapassou as fronteiras da cidade e ganhou momentânea repercussão nacional, quando Magdalena, que já movia ação de indenização por danos morais contra Moraes, determinou que o jornalista fosse preso, em caso relativo a uma ação eleitoral.[16]

Levantamento realizado pelo jornal *Folha de S.Paulo* em 2008 mostra que "as indenizações por danos morais fixadas em processos iniciados por juízes contra organismos de imprensa têm valor aproximadamente três vezes maior do que as estipuladas em ações movidas por pessoas de outras áreas de atuação". Magistrados que recorrem à Justiça alegando terem se sentido ofendidos por alguma reportagem obtêm em média indenizações de 1.132 salários mínimos, enquanto pessoas de qualquer outra profissão conseguem em média compensações de 361 salários mínimos.[17]

O padrão de comportamento fica bastante nítido nesses estudos. Muitos juízes locais agem de maneira corporativa e em antagonismo com os preceitos constitucionais. Com frequência, as consequências monetárias para os jornalistas e os veículos de comunicação são, como no caso do jornal *Debate*, acima mencionado, catastróficas. Não que elas

---

[16] "Jornal terá de pagar R$ 593 mil para juiz". *Folha de S.Paulo*, 25/06/2009.
[17] "Ações de juízes contra mídia têm valor maior". *Folha de S.Paulo*, 27/04/2008.

não devam por princípio ser extremamente severas, a ponto mesmo de impedir a continuação da vida do veículo. Desde que o crime cometido tenha sido grave e inegavelmente comprovado, o que está longe de ser o caso neste exemplo. Mas em geral nessas situações, o maior dano é político e institucional.

Além do artigo 220, já citado, a Constituição em vigor também estipula em seu artigo 5: "É livre a expressão da atividade intelectual, artística, científica e de comunicação, independentemente de censura ou licença". Não tem sido incomum que decisões da Justiça contradigam explicitamente esse preceito.

Durante a campanha eleitoral de 2006, por exemplo, um juiz eleitoral no Amapá, na região da Amazônia, que é um dos estados de menor densidade demográfica, maior nível de pobreza e de maior distância dos centros de poder político e econômico do Brasil, ordenou a retirada do ar de diversos *posts* do blog de Alcinéa Cavalcanti que ele considerou ofensivos ao senador José Sarney, então candidato à reeleição. O blog da irmã de Alcinéa, Alcilene Cavalcanti, também foi retirado do ar pelo provedor UOL, por determinação da Justiça Eleitoral.[18]

Este, aliás, não é o único episódio de censura judicial que envolve a família Sarney no passado recente do Brasil antes do tão divulgado caso com *O Estado de S.Paulo* (durante o qual o senador fez discurso em que afirmou nunca ter agido contra a liberdade de imprensa). No Maranhão, igualmente um dos estados mais pobres do país, em que o clã atua politicamente com grande poder há pelo menos 50 anos, um pequeno jornal, como seu próprio nome indica (*Jornal Pequeno*), que faz oposição à família desde 1966, quando o patriarca se elegeu pela primeira vez governador, tem sido vítima de decisões judiciais que cerceiam sua liberdade há tantas décadas quanto aquelas em que os Sarney têm poder regional.[19]

Não custa lembrar, já que se cita aqui um exemplo da família Sarney, que ela – como as de muitos outros líderes políticos, especialmente regionais – consegue tanto utilizar a Justiça para fazer calar os veículos de comunicação que lhe fazem oposição, quanto usar os veículos de comunicação que possuem para exercer pressão muitas vezes ilegal e permanecer impune, porque os juízes, ágeis e expeditos para punir seus

---

[18] Ver http://studioz.multiply.com/journal/item/719.
[19] "Família Sarney errou de cálculo ao acionar jornal". *Valor Econômico*, 05/08/2009.

adversários, têm se mostrado complacentes e vagarosos para tomar medidas contra seus apoiadores.

E não é apenas este líder político que se vale da Justiça para suprimir a voz de seus críticos. No Rio Grande do Sul, o jornal mensário *Já*, que circulava ininterruptamente fazia 24 anos, anunciou em novembro de 2009 que estava encerrando sua publicação, por não ter condições de pagar as indenizações que lhe foram impostas pela Justiça após ação movida por integrantes da família de Germano Rigotto, um dos mais poderosos líderes políticos regionais, por ter relatado em 2001 denúncias contra ela que constavam de investigações feitas pelo Ministério Público e por uma Comissão Parlamentar de Inquérito.[20] A grande imprensa brasileira e a sociedade civil em geral praticamente não se manifestaram sobre o episódio.

Na eleição presidencial de 2002, a pedido do candidato Anthony Garotinho (que renunciara ao mandato de governador do Rio de Janeiro para concorrer à Presidência da República), o juiz de uma vara cível do Rio de Janeiro, Marcelo Oliveira, sustou por meio de liminar a publicação de uma reportagem na revista *CartaCapital* com denúncias contra Garotinho feitas pelo seu ex-tesoureiro. A liminar caiu por decisão de tribunal superior.[21]

Em anos eleitorais, decisões desse tipo têm sido constantes pelo país, em estados grandes e pequenos, envolvendo publicações de todo porte. E o Poder Legislativo, que raramente na história do país buliu com a liberdade de imprensa, engendrou para o ano eleitoral de 2010 uma reforma eleitoral que quase significou uma série de restrições à liberdade de expressão, especialmente por meio da internet. A maior parte das propostas mais restritivas caiu após forte pressão de diversos setores da sociedade civil, mas algumas se mantiveram, como a que obriga os sites da internet que promoverem debates de candidatos, a convidar todos os candidatos.

Mas não é apenas por causa de eleições que a censura prévia – apesar de proibida pela Constituição – se materializa no país. São centenas os casos em que decisões judiciais censuram, ao menos por algum período de tempo, a atuação dos meios de comunicação frente a suspeitas

---

[20] Cunha, Luiz Cláudio. "O jornal que ousou contar a verdade". *Observatório da Imprensa*, 24/11/2009.
[21] "A bem de Carta Capital e de todos". *CartaCapital*, 29/05/2002.

de irregularidades praticadas por agentes públicos, muitas vezes entre eles próceres do próprio Poder Judiciário.

Censura não política

Em 2007, o jornal semanal *Folha de Vinhedo*, de outra pequena cidade do interior do estado de São Paulo, foi proibido pela Justiça Estadual de São Paulo de publicar em suas páginas entrevista que denunciaria a participação de autoridades, empresários, além de membros do Poder Executivo e Judiciário da cidade, em atos de corrupção. A juíza Ana Lúcia Xavier Goldman, da 1ª Vara Cível de Jundiaí (a maior cidade dessa região do estado), julgou que a publicação poderia "macular a credibilidade do Poder Judiciário e do Ministério Público de Vinhedo".[22]

E em 2009, o juiz Márcio Reinaldo Brandão Braga, de Vara dos Feitos de Relação de Consumo, Cíveis e Comerciais da comarca de Salvador, capital da Bahia, vetou qualquer veiculação pelo jornal local *A Tarde* de notícias consideradas lesivas à imagem e à honra de um desembargador suspeito de envolvimento com vendas de sentenças, fato que vem sendo investigado atualmente em processo administrativo. O desembargador é Rubem Dário Peregrino Cunha, que já respondeu a processo por falsificação de documento público, falsidade ideológica e estelionato.[23] Essa proibição caiu em 22 de setembro, após mais de dois meses de vigência.[24]

Em outras situações, são empresas particulares que acionam a Justiça para impedir que informações que elas julgam que lhes possam ser desfavoráveis sejam publicadas. Em 2003, a revista *Você S/A*, especializada em negócios, de circulação nacional e publicada pela Abril, a maior editora do país, foi impedida, por liminar do juiz Antônio Dimas Cruz Carneiro, da 2ª Vara Cível de Pinheiros, em São Paulo, de publicar uma reportagem sobre recolocação profissional porque a Dow Right Consultoria em Recursos Humanos se dizia prejudicada, já que ela seria citada no texto como a que recebia maior número de reclamações contra seu trabalho. Embora a revista tivesse entrevistado diretores da empresa

---

[22] "Justiça estadual proíbe jornal de Vinhedo de publicar entrevista". *Portal Imprensa*, 16/06/2007.
[23] França, Mônica. "O autoritarismo veste toga". *Observatório da Imprensa*, 11/08/2009.
[24] "Justiça derruba censura ao jornal *A Tarde* na Bahia". *O Estado de S. Paulo*, 23/09/2009.

para dar a sua versão dos fatos, a consultoria conseguiu que o juiz impedisse a publicação, a não ser que a revista desse na mesma edição uma resposta da Dow Right às acusações.[25]

E ainda há cidadãos individuais que agem da mesma forma, como a muito famosa atriz de TV Juliana Paes, que obteve do juiz João Paulo Capanema de Souza, do Juizado Especial Cível do Rio de Janeiro, determinação para impedir que o colunista de humor José Simão, da *Folha de S.Paulo*, fizesse referências consideradas desonrosas a ela sob pena de pagar multa de R$ 10 mil por menção publicada. Ela alegou que Simão vinha "publicando reiteradamente nos meios de comunicação em que atua, sobretudo eletrônicos (internet), textos que têm ultrapassado os limites da ficção experimentada pela personagem [que ela interpretava numa telenovela] e repercutido sobre a honra e sobre a moral da atriz e mulher e de sua família".[26]

A decisão foi revogada quase dois meses depois por uma instância superior. Por coincidência, a revogação ocorreu no mesmo dia em que foi mostrado o capítulo final da telenovela em que Juliana Paes fazia um dos principais papéis, e que era o mote para as brincadeiras do humorista com a atriz. Ou seja: a razão por que o humorista fazia seus chistes deixara de existir. Como afirmou a advogada Taís Gasparian, após a revogação da censura, "a reconsideração deve ser louvada, porém o que se lamenta é a demora na revogação. No caso, praticamente perdeu-se a atualidade do assunto, porque hoje [ontem] é o dia do último capítulo da novela. Todos os comentários que José Simão fazia a respeito de Juliana Paes eram em relação à novela".[27]

O despacho do juiz Moreira Junior, que revogou a medida, reconhece que a Justiça não pode impor censura prévia: "Se houve excesso cometido pelo réu na divulgação de matérias sobre até mesmo a honra da autora, tal fato é questão de mérito, e, se for o caso, o réu será responsabilizado civilmente, mas o Poder Judiciário não pode exercer o papel de censura prévia da liberdade de imprensa".[28]

Em 2007, o cantor Roberto Carlos, provavelmente o mais popular do Brasil, obteve do juiz Maurício Chaves de Souza Lima, de outra Vara Cível do Rio de Janeiro, decisão que determinou a apreensão de toda a

---

[25] Disponível em: http://www.midiaindependente.org/pt/blue/2003/03/250609.shtml.
[26] "Juiz proíbe que Simão fale de Juliana Paes", *Folha de S.Paulo*, 17/07/2009.
[27] "Juiz suspende censura prévia a José Simão". *Folha de S.Paulo*, 12/09/2009.
[28] Id., ibid.

edição já impressa de biografia sua intitulada *Roberto Carlos em Detalhes*, de autoria de Paulo Cezar de Araújo, publicada pela editora Planeta, que ficou sujeita a multa diária de R$ 50 mil se não a cumprisse.

"O juiz reconheceu que o texto do livro ultrapassou os limites da liberdade de expressão, constituindo invasão de privacidade e ofensas morais contra o Roberto", afirmou o advogado do cantor, Marco Antônio Campos.[29] Dois anos e meio depois, a censura ainda está em vigor e os recursos de biógrafo e editora ainda não foram julgados.

Até veículos de comunicação apelam para o mesmo artifício com o objetivo de impedir que opiniões ou informações que eles consideram desairosas ou prejudiciais aos seus negócios ou à reputação de seus proprietários sejam divulgados. Foi o que ocorreu em 2005, quando o juiz Raimundo das Chagas, de Vara Cível de Belém, deferiu a ação de indenização por dano moral proposta por Ronaldo Maiorana e Romulo Maiorana Júnior, donos do grupo Liberal, do estado do Pará, na Amazônia, a maior corporação de comunicações do norte do país, afiliada à Rede Globo de Televisão.

O juiz condenou o *Jornal Pessoal* a indenizar os dois empresários, por pretensa ofensa à memória de seu pai, em R$ 30 mil, mais honorários advocatícios arbitrados pelo máximo legal (20% do valor da causa) e custos judiciais. O valor corresponde a um ano e meio de faturamento bruto do *Jornal Pessoal*.[30] Registre-se que entidades nacionais de jornais e jornalistas não protestaram contra esse ato de censura, que não é o único perpetrado pelos donos do grupo Liberal contra o *Jornal Pessoal*, cujo proprietário é um respeitado jornalista, que trabalhou muitos anos na chamada grande imprensa. O corporativismo, como se constata, não é exclusividade dos magistrados em casos de violação ao direito constitucional de liberdade de expressão.

Confronto de direitos

Em todos esses incidentes, a parte que aciona a Justiça para censurar o que não lhe agrada invoca, é claro, direitos e leis. É óbvio que há nesses

---

[29] "Justiça do Rio veta venda de livro sobre Roberto Carlos". *Folha de S.Paulo*, 24/02/2007.
[30] Lúcio Flávio Pinto. "A condenação seletiva da censura". *Observatório da Imprensa*, 27/08/2009.

episódios um real conflito de interpretações sobre qual liberdade ou qual direito é superior aos demais e, em consequência, qual deve se impor. Estão em jogo a liberdade de expressão, o direito de a sociedade ser informada de fatos de interesse público, mas também o direito à privacidade e à honra, a presunção de inocência. O que tem faltado são critérios claros na jurisprudência de como proceder objetivamente quando esse embate se dá.

Um ponto que foi insistentemente repetido na argumentação contra a censura imposta a *O Estado de S.Paulo* e que chega perto de ser consensual entre analistas (mas certamente não entre juízes) é o de que todos devem responder pelos abusos da liberdade de expressão que cometerem, quando caluniam ou difamam, mas que não se pode tolerar a censura prévia. "Não cabe a ninguém decidir previamente se o direito individual de quem quer que seja está sendo ferido pela divulgação de informação. Esse julgamento só pode se dar posteriormente à divulgação", diz a presidente da Associação Nacional dos Jornais, Judith Brito.[31]

Raciocínio semelhante é empregado pelo jurista Walter Ceneviva: "A ideia de um direito absoluto contraria o limite de seu exercício em face do direito dos demais. [...] o direito constitucional aceita que o Judiciário possa punir quem se exceda na manifestação do pensamento, mas não permite que o veículo jornalístico seja proibido, por antecipação, de transmitir notícia, informação ou crítica a respeito de quem quer que seja, pessoa determinada ou não, ocupante ou não de cargo público. Vedar publicação futura referente a qualquer pessoa supostamente ameaçada por matéria que órgão de comunicação pretenda divulgar viola princípio básico da Carta Magna, ofende a essência jurídica da comunicação livre, do veículo e da comunidade".[32]

Outro aspecto quase consensual é que quando ocorre um vazamento de informação que estava sob sigilo de Justiça, o erro é cometido por quem a deixa vazar, não pelo veículo de comunicação que posteriormente a publica, como argumenta o ministro do STF Marco Aurélio Mello: "Combata-se o vazamento, mas sem se chegar ao cerceio da liberdade de expressão e de veicular notícias".[33] Esse entendimento foi o que prevaleceu na Suprema Corte dos Estados Unidos quando julgou em

---

[31] Brito, Judith. "Censura prévia é inadmissível". *Folha de S.Paulo*, 27/08/2009.
[32] Ceneviva, Walter. "Censura judicial da mídia". *Folha de S.Paulo*, 15/08/2009.
[33] Macedo, Fausto. "'Vazamento é antecedente, não é erro do jornal', diz Marco Aurélio". *O Estado de S.Paulo*, 15/08/2009.

1971 o célebre caso conhecido como "Documentos do Pentágono", em que o *New York Times* e outros jornais foram proibidos de publicar durante 15 dias, por decisão liminar da Justiça, até a Corte lhe dar ganho de causa, documentos sigilosos de Departamento da Defesa dos EUA sobre a guerra no Sudeste Asiático, que haviam sido roubados de lá por um funcionário do próprio Departamento da Defesa.

Quando censura prévia e publicação de informações vazadas não são os temas em debate, a discordância entre analistas é muito mais intensa. Basicamente o que está em debate é a aparente contradição entre dois artigos da Constituição: o 5, que garante o direito à imagem, à privacidade, à honra, ao bom nome, e o 220, que assegura o direito à informação e à liberdade de expressão. Um equilíbrio entre os dois princípios básicos que esses artigos buscam preservar precisa ser atingido para que a sociedade possa usufruir de ambos. Nenhum dos dois se impõe sempre como o mais importante.

Parece não haver dúvida de que vêm se tornando progressivamente mais constantes as intervenções de juízes de primeira instância que dão prioridade ao artigo quinto e que chegam ao abuso de determinar censura prévia. Mas com muito mais frequência determinam reparações materiais aos veículos de comunicação, as quais muitas vezes atingem valores altos demais para a capacidade de a empresa punida pagar. Se deve ou não haver algum limite previsto em lei para a punição pecuniária é um dos temas que mais suscitam discussões e uma das razões por que muitos são favoráveis a uma nova lei específica, que – como, contraditoriamente, a da ditadura – fosse mais favorável às empresas de comunicação neste e em outros aspectos. A Lei de Imprensa da ditadura punia com rigor mais extremo do que a legislação comum os crimes cuja pena implicava perda de liberdade para jornalistas, mas era muito condescendente em relação às punições pecuniárias impostas às empresas de comunicação.

É preciso uma lei de imprensa?

Os muitos defensores da tese de que é necessário haver uma lei específica para reger as atividades jornalísticas estão em consonância com a cultura brasileira em que é grande a crença de que todos os problemas sociais podem ser consertados por meio da edição de alguma lei. As entidades de classe do setor de comunicação, tanto as patronais quanto as de trabalhadores – em geral situadas em extremos opostos em quase todos os outros temas que dizem respeito à sua atividade –, estão entre os que apoiam a essa posição.

Dizem eles que em diversas normas legais que nada têm a ver com imprensa, os legisladores têm incluído artigos e parágrafos para cerceá-la. De fato, leis tão díspares como o Estatuto da Criança e do Adolescente, o Código de Proteção ao Consumidor, a Lei Afonso Arinos (que proíbe a discriminação e o preconceito raciais) e o novo Código Civil chegam a prever, pelas mais diversas razões, a apreensão de publicações e proibição de escritos e de exposição de imagens. Todos esses, no entanto, são documentos infraconstitucionais e não podem prevalecer sobre o artigo 220 da Constituição, pelo menos na opinião da maioria dos especialistas.

Provavelmente, o que de fato está por trás da defesa de uma legislação específica para a imprensa por parte das empresas donas de meios de comunicação é apenas, ou principalmente, o desejo de que ela venha a limitar o valor de indenizações a que possam vir a ser condenadas a pagar. Ou o de impedir que o direito de resposta seja exercido de modo a prejudicar seus negócios, caso impliquem grandes espaços impressos ou veiculações em horários nobres dos meios de radiodifusão de longas comunicações.

O motivo do apoio das entidades de classe dos jornalistas a uma nova legislação específica para a imprensa talvez seja apenas a velha ideologia de tentar controlar o pensamento por meio, por exemplo, de cláusulas para impedir a "falsidade não nominativa", ou seja, a possibilidade de condenar veículos de comunicação a partir de representações do Ministério Público em defesa da "coletividade", mesmo que nenhum cidadão, grupo de cidadãos ou entidades se sintam prejudicados e reclamem contra eles na Justiça. O combate à "falsidade não nominativa" seria mais uma trincheira onde promotores imbuídos da necessidade radical de combater os valores da sociedade burguesa poderiam exercer seus desígnios contra a "grande imprensa" ou, como agora é mais corriqueiro para designá-la, a "velha mídia".

Thiago Bottino, professor de Direito da Fundação Getulio Vargas do Rio de Janeiro, não acha necessário criar uma nova lei, apesar da confusão atual provocada pelas decisões abusivas de juízes de primeira instância. Ele diz que "o comportamento dos juízes não era comum até pouco tempo atrás. Isso é um fenômeno recente e acredito que está ligado ao papel cada vez mais ativo do Judiciário nos debates públicos nacionais. Além de os juízes terem abandonado a postura minimalista e reservada de antes, a própria sociedade leva ao Judiciário uma infinidade de questões que antes eram resolvidas de outra forma. [...] Essas decisões são um 'efeito colateral' do fenômeno causado pela omissão do Legislativo e do Executivo que gerou a pressão social sobre o Judiciário".[34]

E para lidar com esse efeito colateral, ele não está entre os que acham que uma nova lei possa ser benéfica. "É certo que em alguns casos há excesso do Judiciário, devido ao voluntarismo dos juízes, mas espera-se que os tribunais (e o sistema de recursos) corrijam os excessos. Não creio que uma lei de imprensa pudesse resolver isso. Aliás, será que uma lei que proibisse o juiz de conceder liminares em matéria de liberdade de expressão seria constitucional? O legislador pode limitar o poder do Judiciário de conhecer algo e tomar uma decisão? O AI-5 [Ato Institucional número 5, imposto pelo regime militar em 13 de dezembro de 1968 e que representou o endurecimento da ditadura, quase um golpe dentro do golpe, que levou o país a um dos momentos de maior repressão política] fez isso proibindo o *habeas corpus* em crimes políticos. Atualmente, a Constituição proíbe que o Judiciário analise o mérito das punições disciplinares militares, mas só isso."[35]

Maurício Azêdo, presidente da Associação Brasileira de Imprensa, também não acredita na necessidade ou eficácia de uma nova lei de imprensa, e cita o ministro Carlos Ayres Britto, do STF, em sua argumentação: "Carlos Ayres Britto destacou que a Constituição concede plenitude à liberdade de imprensa, o que impede que seu exercício possa ser condicionado ou restringido por qualquer texto infraconstitucional – isto é, pela lei ordinária, pela lei comum. No entender de Ayres Britto, a lei pode regular aspectos determinados da atividade de informação, mas não pode fazê-lo com a abrangência que tinha a lei agora revogada. O principal dos cavalos de batalha da discussão [...] é a questão do direito de resposta por ele mencionada, que exigiria uma regulação [...]".[36]

Azêdo, embasado na opinião de outro jurista, rechaça esse argumento: "A esse respeito é útil conhecer o pensamento exposto por um

---

[34] Bottino, Thiago. Depoimento ao autor, 28/04/2009.
[35] Id., ibid.
[36] Azêdo, Maurício. "Uma lei dispensável". *Folha de S.Paulo*, 05/08/2009.

especialista na matéria, o juiz de direito Luiz Gustavo Grandinetti Castanho de Carvalho [...], salientou Grandinetti que, como está inscrito numa norma constitucional, o direito de resposta tem aplicação imediata, não depende de regulação por lei. Seu arrimo estaria no Código Civil, nas disposições relacionadas com a obrigação de fazer, no Código de Processo Civil, no concernente à concessão da tutela antecipada, e no Código de Defesa do Consumidor, nos dispositivos pertinentes à propaganda e à contrapropaganda."[37]

Outro grande especialista em direito da comunicação, José Paulo Cavalcanti Filho, acha que a melhor maneira de impedir decisões arbitrárias de juízes é deixar que se exerça sobre ele o controle social. Ele acredita que o direito à privacidade e o direito à informação podem coexistir numa sociedade e que vamos acabar chegando a um ponto de maturação, para o qual – em sua opinião – vão contribuir decisões em que indenizações de valores muito altos impostas pela Justiça aos meios de comunicação sejam cumpridas, mesmo que seja ao custo da quebra das empresas. Ele acha que isso pode ajudar a criar uma imprensa responsável.[38]

O jornalista Márcio Chaer, que tem estudado intensamente o assunto, cita o juiz da Suprema Corte dos Estados Unidos, Oliver Wendell Holmes, autor da célebre frase "nem a mais rigorosa proteção à liberdade de expressão daria abrigo a um homem que falsamente gritasse 'fogo!' em um teatro lotado e causasse pânico" para reforçar sua opinião de que é necessário garantir guarida aos que são vítimas de abusos cometidos por jornalistas e veículos de comunicação.[39]

A Constituição de 1988 deu lugar à compensação por dano moral e é provavelmente justo e correto que o tenha feito. Mas, argumenta Chaer, políticos, empresários e juízes vêm usando esse recurso para coibir a liberdade de imprensa. Muitos juízes, afirma ele, não sabem nada sobre a imprensa, nem sobre como funcionam os veículos de comunicação, e nessa ignorância fundam-se muitas decisões equivocadas. Como a imprensa também sabe muito pouco sobre o Judiciário e seu funcionamento, essa falta de conhecimento recíproco ajuda a criar as condições para os desentendimentos que vêm ocorrendo. Esses dois segmentos são arrogantes e prepotentes e precisam passar a ter um confronto fran-

---

[37] Id., ibid.
[38] Cavalcanti Filho, José Paulo. Entrevista ao autor, 27/05/2009.
[39] Chaer, Márcio. Entrevista ao autor, 22/04/2009.

co, aberto e leal sobre esses assuntos para poderem chegar a um entendimento a respeito deles.[40]

Chaer acha que não é difícil distinguir entre o *animus narranti* e o *animus injurianti* em texto ou matéria jornalística, ou seja, identificar se o que move o autor é a intenção de relatar fatos e acontecimentos ou a de ofender ou injuriar o objeto da matéria. "É preciso comprovar a intenção de dolo; a decisão do juiz não pode se basear apenas na interpretação subjetiva do suposto ofendido", acredita ele.[41]

A advogada Taís Gasparian, que tem atuado em dezenas de casos nessa área, acha que a solução para esses problemas será ou uma nova lei (que ela admite que possa demorar anos até ser aprovada e entrar em vigor) ou jurisprudência que defina os assuntos. Em sua opinião, quatro fatores têm contribuído para a disseminação dessas situações: a garantia dada pela Constituição de 1988 ao reparo do dano moral, a jurisprudência que permite compensação material ao dano moral, a ampliação do acesso dos cidadãos à Justiça e o que ela chama de "modismo" ou "indústria das indenizações".[42]

Processo educativo

Joaquim Falcão, da Fundação Getulio Vargas do Rio de Janeiro, outro jurista que estuda esses temas com profundidade, diz que o embate entre a liberdade de imprensa e o direito à privacidade e à honra é "transgeográfico e trans-histórico", não uma peculiaridade brasileira e atual; o que muda é só a modelagem institucional. "Com a democracia, a jurisprudência deixa de ser de regras e passa a ser de princípios: passa-se a fazer a interpretação de princípios, não de regras. Quando se acabam as regras e se passa aos princípios, sempre há incerteza porque nenhum princípio é absoluto." Para ele, o Judiciário, então, administra incertezas. Mas se a incerteza for muito grande, ela pode resultar em insegurança, o que não é bom para ninguém.[43]

Como José Paulo Cavalcanti Filho, Falcão também acha que há um processo educativo conjunto que precisa ser desenvolvido e que

---

[40] Id., ibid.
[41] Id., ibid.
[42] Gasparian, Taís. Entrevista ao autor, 02/06/2009.
[43] Falcão, Joaquim. Entrevista ao autor, 16/07/2009.

poderá resultar numa acomodação dessas incertezas atuais, na diminuição do grau de insegurança. Também consoante com Cavalcanti Filho, Falcão acredita que as indenizações podem ter um papel pedagógico importante nesse processo. "A indenização é para pagar a quem sofre o dano, não para proteger quem o provoca. Não há precedente no mundo de legislação que ofereça proteção a quem provoca o dano. Não se pode colocar preço na impunidade (só se pode punir até tantos reais)." [44]

Os casos de censura judicial e a possibilidade de se iniciar a tramitação de uma nova legislação específica para imprensa numa sociedade em que há alentado caldo cultural e histórico para respaldar ações de cerceamento à liberdade de imprensa são fatores que provocam preocupação em quem acredita na necessidade de preservá-la, não como valor absoluto, mas como princípio fundamental e indispensável para a convivência democrática.

No entanto, há razão para algum otimismo, por exemplo, na argumentação que o ministro Carlos Ayres Brito do STF ofereceu ao proferir seu voto na sessão que extinguiu a vigência da velha lei de imprensa, conforme resumida a seguir por Walter Ceneviva: "No dizer de Ayres Brito, a imprensa se substancia no ato de comunicar, divulgar informações, o pensamento, a percepção humana em geral. Decorre de sua importância, 'a permanente conciliação entre liberdade e responsabilidade'. Quanto mais se afirma a igualdade de um povo, 'mais a liberdade ganha o tônus de responsabilidade da imprensa'".[45]

Essa confiança na possibilidade de que o decorrer do tempo na prática da democracia ("quanto mais se afirma a igualdade de um povo") vá resultar em mais "tônus de responsabilidade" na liberdade de imprensa é um traço comum nos depoimentos colhidos para a elaboração deste texto. As pessoas que mais profundamente se debruçam nas questões da liberdade de expressão e do ressarcimento pelos abusos que dela se façam coincidem na crença de que elas poderão se resolver com mais facilidade com o amadurecimento da democracia no país.

O fato de elas estarem preocupadas com o equilíbrio entre princípios que se chocam é estimulante por demonstrar que há a compreensão de que dois direitos equivalentes e ambos desejáveis competem

---

[44] Id., ibid.
[45] Ceneviva, Walter. "Ayres Brito e a imprensa". *Folha de S.Paulo,* 23/05/2009.

entre si e devem ser preservados. Como dizem Paula Martins e Mila Molina, da organização não governamental Artigo 19: " [...] ainda precisamos aprofundar nosso entendimento sobre temas que há muito vêm sendo debatidos, interpretados e pacificados em outras partes: a censura prévia deve ser proibida, mas a regulamentação da atuação da mídia não é censura; a reputação e a vida privada são direitos fundamentais e devem ser respeitados, mas em caso de dano ainda maior ao interesse público, esse deve prevalecer; a mídia deve ter liberdade para atuar, mas o cidadão pode monitorar e questionar sua atuação, inclusive no Judiciário; o Judiciário deve ter padrões claros para análise dos casos de suposta violação da liberdade de expressão para que, ao proteger um direito humano, não ignore outros; a liberdade de imprensa é uma vitória da democracia, mas está sob a égide da liberdade de expressão, que é um direito humano fundamental de cada indivíduo e, coletivamente, da sociedade, e portanto, a imprensa que queremos é uma imprensa onde todos têm voz: uma mídia independente, ética, plural e diversa".[46]

É verdade, como também ressaltam, que ainda "falta no Brasil o abandono da polarização ideológica e uma discussão aprofundada sobre o tema, que ultrapasse os limites dos interesses envolvidos em casos específicos, e que resulte na definição de padrões claros para a atuação judicial, que possibilitem a livre circulação de informações em um ambiente de segurança jurídica e total respeito a todos os direitos humanos".[47] Mas o simples fato de esse tipo de reflexão já encontrar espaço no debate público já é um sintoma positivo e animador.

"Uma imprensa responsável é, sem dúvida, um objetivo desejável. Mas a responsabilidade da imprensa não é determinada pela Constituição e, como muitas outras virtudes, não se pode legislar sobre ela." Esta frase de um juiz da Suprema Corte dos Estados Unidos (Warren Burger) que não foi um dos mais ardentes defensores da liberdade de imprensa naquele país sintetiza bem as dificuldades de tentar regular por meio de instrumentos legais questões de enorme complexidade e infinitas minúcias, ainda mais com o advento das novas tecnologias da comunicação.

---

[46] Martins, Paula e Molina, Mila. "Liberdade de expressão e de informação". *O Estado de S.Paulo*, 28/08/2009.
[47] Id., ibid.

Direito de resposta

O direito de resposta é uma delas e é um dos temas que mais mobilizam a sociedade contra os meios de comunicação e a favor de uma lei que o regulamente. A Constituição, no artigo 5, inciso V, diz que "é assegurado o direito de resposta, proporcional ao agravo, além da indenização por dano material, moral ou à imagem". Mas como regular isso? Como definir a proporcionalidade, comprovar o agravo, quantificar o dano?

Por exemplo, como garantir o direito de resposta a um livro? A editora deve publicar outros livros, escritos por pessoas que se sentem prejudicadas pelo original ou que queiram responder a ele, com a mesma tiragem e o mesmo número de páginas? E se quinhentas pessoas resolverem escrever livros diferentes? Ou mil? Ou mais? Devem essas quinhentas ou mil pessoas se articular para escrever um único livro? E em quanto tempo o livro deve ser editado e colocado à disposição do público?

Se 50 pessoas acharem que seus interesses foram prejudicados, por razões diversas, por uma reportagem de jornal, o diário deve publicar 50 reportagens no mesmo espaço e com o mesmo destaque? Como obrigar um blog a veicular versão de quem se sentiu atingido por um comentário do blogueiro ou de algum comentador? E se o blog, embora em português e sobre o Brasil, é editado no exterior? Como emissoras de TV ou rádio estrangeiras sintonizadas no Brasil vão compensar com direito de resposta os brasileiros que provarem que uma de suas matérias lhes trouxe problemas ou danos?

Aqui, ao contrário da questão do ressarcimento financeiro a vítimas de calúnia ou difamação, levantar esses impedimentos práticos não significa proteger quem transgrediu a lei. Porque publicar uma opinião que não seja caluniosa ou difamatória não é crime. Como permitir que outras opiniões encontrem espaço no mesmo meio que publicou a inicial é que é o ponto.

Quando esse meio de comunicação é o rádio ou a TV, em que empresas privadas exploram comercialmente uma concessão pública do espaço de radiodifusão que é monopólio do Estado, faz mais sentido pensar em interferência do Estado para regular o direito de resposta. Quando se trata de jornal, revista, blog, a coisa é muito diferente e o direito de resposta ser regulado por lei passa a ser tese muito mais difícil de justificar, a não ser por razões claramente ideológicas.

Mesmo no caso do rádio e TV, no entanto, é complicado regulamentar esse tema de uma forma que seja viável e minimamente razoável. Veja-se o enorme dano causado à democracia no Brasil pela fúria legislativa igualitária que obriga as emissoras de rádio e TV a convidar todos os candidatos a um cargo eletivo majoritário quando promover um debate eleitoral. Qualquer dono de legenda partidária de aluguel terá de estar presente ao lado de líderes que realmente representam contingentes expressivos da sociedade. E o número de participantes do debate pode ser tão grande a ponto de impedir cada um de usar a palavra por mais do que alguns minutos. Que utilidade política e social pode ter um debate nesses moldes? O que essa legislação faz, na prática (e ela agora está estendida também para a internet) é impedir a realização de debates eleitorais e incentivar a criação de partidos de fachada cujos líderes só os criam com o objetivo de ganhar alguma vantagem pessoal quando veículos de comunicação se propõem a organizar debates.

A experiência internacional mostra que esse tipo de arranjo forçado simplesmente não funciona. Nas eleições presidenciais nos EUA há dezenas de candidatos inscritos. Mas os debates pelo rádio e TV se limitam a dois ou no máximo três deles, o que os torna produtivos para o eleitorado. Ninguém entre os candidatos sem expressão acha razoável recorrer à Justiça para obter o direito de estar presente e não se sabe de movimento social expressivo para que eles sejam convidados.

Sobre o direito de resposta, nos EUA a jurisprudência foi firmada em 1974, no caso "Miami Herald X Tornillo" quando a Suprema Corte em votação unânime sepultou as tentativas de regulá-lo, em decisão que disse: "A escolha do material que sai num jornal (...) constitui exercício de controle e julgamento editorial. Ainda está para ser demonstrado como regulamentação governamental neste processo crucial se pode ser exercida em consonância com a garantia de liberdade de imprensa assegurada pela Primeira Emenda".

No Brasil, o problema do direito de resposta é uma das justificativas mais utilizadas pelos defensores de uma nova legislação específica para imprensa. Na primeira decisão em relação a esse tema depois da derrubada da Lei de Imprensa do regime militar, o Supremo Tribunal Federal concedeu à revista *Veja*, o direito de não publicar uma sentença judicial favorável a um ex-alto assessor do ex-presidente Fernando Henrique Cardoso, Eduardo Jorge Caldas Pereira, que havia obtido na Justiça a decisão, com base na lei revogada, de que a revista tinha de publicá-la.

Caldas Pereira anunciou que recorrerá da liminar, o que permite antever uma batalha nos tribunais.[48]

Caldo de cultura

Mas o fato é que há em nosso país enorme simpatia social por leis que restrinjam a liberdade de expressão. Porque no Brasil – e aqui somos iguais a quase todos os povos, embora haja alguns em que esse viés não seja tão intenso quanto entre nós – a maioria das pessoas é inteiramente a favor da absoluta liberdade de expressão para o seu próprio discurso e absolutamente contrária a ela quando se trata do discurso de seus oponentes, adversários ou inimigos.

São raríssimos os indivíduos em qualquer lugar do mundo que esposam de fato a tese radical de outro juiz da Suprema Corte dos EUA, Hugo Black (1886-1971), este sim um defensor indiscutível da liberdade de expressão: "Minha opinião é, sem desvios, sem exceção, sem nenhum 'se, mas ou tendo em vista', que a liberdade de expressão significa que não se pode fazer nada contra ninguém por causa das opiniões que tenha, os pontos de vista que expresse ou as palavras que profira ou escreva".

Não adianta fazer leis. É melhor, claro, que elas existam para ajudar a garantir a liberdade de expressão, e nunca para cerceá-la. Apenas as leis, no entanto, simplesmente não são o suficiente para garanti-la. Com ou sem essas peças jurídicas, a liberdade existe e é mantida somente quando a sociedade assim o deseja. E o problema neste país é que atualmente o grau de adesão da cidadania ao conceito de liberdade de expressão é muito tênue. É aí, de fato, e só aí, que mora o perigo.

A atitude de muitos (se não da maioria) dos jornalistas e dos meios de comunicação contribui para fragilizar a defesa cidadã da liberdade de expressão. Arrogantes, pouco dispostos a reconhecer erros, distantes dos interesses concretos das pessoas comuns, elitistas, muitos costumam tratar mal seus próprios leitores ou espectadores, que são os únicos que lhes podem garantir a sobrevivência física e o ambiente propício para exercerem sua atividade.

---

[48] Gallucci, Mariângela. "STF dá liminar à *Veja* contra decisão judicial". *O Estado de S.Paulo*, 10/11/2009.

Há um encorpado caldo de cultura contra a mídia no Brasil. Ela tem sido historicamente o bode expiatório dos brasileiros por todas as suas mazelas sociais. A violência aumenta porque a mídia a incita; adolescentes engravidam cada vez mais porque a televisão as induz à sensualidade; os bandidos não ficam na cadeia porque os jornais defendem os seus direitos, mas não os das vítimas; meu candidato não foi eleito porque a mídia só apresentou fatos desfavoráveis a ele e favoráveis ao seu concorrente. E assim por diante. A mídia é considerada culpada de praticamente tudo que é considerado ruim: obesidade, pornografia, agressividade, alienação, ignorância, corrupção.

É verdade que muitas vezes, além da já citada arrogância, a baixa qualidade do material veiculado pelos meios de comunicação serve de estímulo para esse tipo de atitude. Porém, é necessário ter bom senso para entender que a censura – sempre subjetiva e casuística – em nada vai contribuir para melhorar a qualidade desse conteúdo.

A censura não é vista com antipatia por parcela considerável dos brasileiros. Ao contrário, há disseminada impressão de que ela é necessária para corrigir essas supostas distorções acima apontadas. Mais censura significaria menos baixaria na televisão, mais qualidade nas rádios, menos liberdades nefastas nos jornais. Por isso, a ampliação das regulamentações da mídia por parte do Estado encontra suporte em grandes contingentes sociais.

Não é por outra razão que iniciativas recentes do governo federal na administração de Luiz Inácio Lula da Silva nessa direção, como a Ancinav (Agência Nacional do Cinema e Audiovisual) e o Conselho Federal de Jornalistas, que pretendiam aumentar o controle da mídia, quase se concretizaram. Foi preciso um grande esforço de mobilização de setores influentes (mas minoritários) da sociedade e uma conjugação de circunstâncias políticas não relacionadas com esses processos (que enfraqueceram os grupos dentro do governo federal que mais os defendiam) para afinal detê-los. Mas o nível de apoio que essas tentativas de controle obtiveram na sociedade é fator que deveria despertar grande preocupação entre os que defendem a necessidade de garantir a liberdade de expressão.

A realização prevista para dezembro de 2009 de uma conferência nacional de comunicação, convocada pelo governo federal e boicotada pelas entidades mais importantes das empresas do setor, seria nova oportunidade para tentar semear todo tipo de instrumentos para cercear a liberdade de expressão. Em vez de participar do debate e defender seus pontos de vista, as associações empresariais preferiram ficar de fora e deixar o campo aberto aos seus adversários, em mais uma demonstração de ou miopia política ou desinteresse real pela opinião pública.

Já há outras propostas legais que vão por caminhos similares aos da Ancinav e do CFJ ainda em tramitação ou no início de seu caminho legislativo, tanto no Poder Executivo quanto no Legislativo, no Judiciário e nas agências regulatórias. Qualquer pretexto serve para que aventuras com o objetivo final de limitar a liberdade de expressão sejam encetadas. Da Agência Nacional de Vigilância Sanitária à Casa Civil da Presidência da República, nas duas casas do Congresso, em Assembleias Legislativas e Câmaras Municipais, iniciativas de toda sorte tentam coibir a liberdade de expressão.

A convergência de mídias, por exemplo, dá vazão a projetos que dizem buscar defender a produção e a cultura nacionais ou impedir a ocorrência de monopólios ou oligopólios, mas que no fim das contas provavelmente vão resultar mesmo é em um maior controle estatal sobre a atividade da comunicação.

A irresponsável utilização disseminada pela imprensa de material produzido por grampos ilegais que são passados a veículos de comunicação por autoridades com o fim de beneficiar seus próprios grupos nas disputas intestinas de poder já originou um projeto de lei para alterar artigo do Código Penal de modo a tornar mais severas as penas contra quem violar o sigilo de informações. Tal justificativa, aparentemente razoável, no entanto, tem entre seus alvos os veículos de comunicação, já que os inclui entre os que podem ser punidos com prisão de seus responsáveis por divulgarem o conteúdo dessas informações obtidas ilegalmente.

Nada mais justo do que o Estado se equipar para impedir que seus segredos vazem. Mas nada mais absurdo do que tentar privar da liberdade física os que passem esses segredos ao público, desde que não tenham sido eles os que cometeram o crime de quebrar o sigilo. Seria como trancafiar na prisão os editores do *New York Times* junto com Daniel Elsberg, o funcionário do Pentágono que lhes passou os documentos sobre a guerra no Sudeste Asiático que provavam que a sociedade americana vinha sendo iludida fazia anos por governos sucessivos que mentiam sobre a situação militar naquela região do mundo. No caso específico, por sinal, nem Elsberg acabou cumprindo pena de prisão.

Também na esteira da irritação pública com os exageros dos grampos, outra iniciativa legal visa eliminar da Constituição um de seus maiores avanços, a garantia dada aos jornalistas para que mantenham o sigilo de suas fontes. Esse é um aspecto da legislação em que o Brasil é superior aos EUA, país onde diversos jornalistas têm cumprido pena de prisão por se negarem a passar à Justiça a identidade de quem lhes forneceu determinadas informações de interesse público e onde tem crescido um movimento para incluir na legislação o direito de sigilo da fonte em moldes similares aos que se aplicam às conversas entre o advogado e seu cliente.

O sigilo da fonte é absolutamente vital para o exercício pleno da atividade jornalística. Sem ele, ficará praticamente impossível, por exemplo, denunciar casos de corrupção. É claro que – assim como todos os demais – esse direito precisa ser exercido com responsabilidade, e muitas vezes não o tem sido neste país. Nesse tópico, como em muitos outros, a solução não está no aumento dos poderes estatais para julgar onde demarcar os limites da responsabilidade.

Conclusão

A autorregulação é a melhor saída, a mais legítima e a mais eficaz, para esta e outras situações. Uma nova lei de imprensa apenas aumentaria a confusão e a insegurança jurídicas. Infelizmente, como um subproduto da já mencionada atitude de arrogância dos comunicadores, que também – para piorar – são capazes de adotar as piores práticas do espírito de corpo exagerado, não se veem muitos sinais de disposição de sua parte para de fato se regularem rigorosamente antes que o Estado encontre amparo social e político suficiente para fazê-lo. Mesmo iniciativas simples, como a instituição de ouvidorias públicas ou posições de ombudsman, são raridade nos veículos de comunicação brasileiros (contam-se nos dedos das mãos os que as criaram).

Com exceção do Conar (Conselho Nacional de Autorregulamentação Publicitária),[49] que tem sido razoavelmente capaz de coibir abusos

---

[49] O Conar foi criado em 1980 pelas agências publicitárias e pelas entidades de classe de patrões e trabalhadores da categoria para julgar, com poder de punição, casos de abusos ou erros de campanhas publicitárias considerados lesivos ao consumidor e à sociedade.

na área de publicidade, jornalistas, radialistas, cineastas e empresários do setor não têm sido exemplares no autocontrole e têm aberto brechas para que cidadãos peçam a interferência estatal. Mesmo a publicidade, mais bem-sucedido segmento nesse quesito, enfrenta o assédio cada vez mais constante e agressivo de agências governamentais ligadas a saúde, infância, educação e outras áreas para lhe impor restrições, que muitas vezes estão longe de ser aceitáveis sob o exame do bom senso.

Além da autorregulação, apenas a maturidade democrática pode funcionar bem para superar os impasses atuais provocados pelos abusos tanto de juízes quanto de jornalistas. Fala-se muito na necessidade de criar instrumentos de "controle social" da mídia. Mas eles já existem e são praticados pela Justiça e pelo mercado. Veículos que agem de modo arrogante, caluniam e difamam podem ser punidos pelas leis vigentes e pelo público, que deixará de consumi-los. Uma sociedade civil forte, que acredite na necessidade de uma imprensa livre e responsável, encontrará meios de instar juízes e jornalistas a agirem de maneira comedida e racional.

Nesse sentido, pode ser saudável a atuação de entidades civis, organizações não governamentais, que arregimentem cidadãos interessados em temas sociais comuns (direitos de minorias, preservação do ambiente, defesa do ensino ou da saúde pública, por exemplo) para fazer pressão sobre os veículos de comunicação quando se sentirem prejudicados pela cobertura que eles fazem dos assuntos de sua preferência.

É evidente que a disseminação da internet ajuda a organização e o trabalho desses grupos, o que provavelmente obrigará os meios de comunicação a serem mais cuidadosos, acurados e vigilantes na sua prática, em benefício de toda sociedade. O que não é admissível é que o Estado tente criar mecanismos que pretensamente falem em nome de toda a sociedade e que provavelmente serão aparelhados com rapidez por partidos ou facções políticas para que estes façam o patrulhamento da atuação da imprensa.

Também neste caso, o amadurecimento da convivência democrática traçará os limites para a intervenção do Estado e forçará os veículos de comunicação a acionarem instrumentos de autorregulação em defesa de sua própria sobrevivência.

Os autores

Bernardo Sorj – Diretor do Centro Edelstein de Investigações Sociais e professor de Sociologia da Universidade Federal do Rio de Janeiro. Formado em História de Israel pela Universidade de Haifa e Ph.D. em Sociologia pela Universidade de Manchester. Foi professor visitante em várias universidades da Europa e dos Estados Unidos. Autor de 23 livros publicados em vários idiomas. Entre os mais recentes se incluem: *O Desafio Latino-Americano* (Civilização Brasileira, 2008), *Judaísmo para Todos* (Civilização Brasileira, 2010) e *Usos, abusos e desafios da sociedade civil na América Latina* (Paz e Terra, 2010).

Fernando Ruiz – Professor de Jornalismo e Democracia e História da Comunicação, da Faculdade de Comunicação da Universidade Austral. A cada semestre elabora um relatório com os Indicadores de Jornalismo e Democracia a Nível Local na América Latina, em conjunto com a Fundação CADAL. Seu último livro é *El Señor de los Mercados. Historia del diario Ámbito Financiero.*

Philip Kitzberger – Pesquisador do Conicet e Professor do Departamento de Ciências Políticas e Estudos Internacionais da Universidade Torcuato Di Tella. Doutor em Filosofia (Universidad de Buenos Aires – UBA) e licenciado em Ciências Políticas (UBA). Completou seus estudos de doutorado na Universidade de Colônia (Alemanha). Pesquisa temas da mídia e política e teoria política contemporânea.

Omar Rincón – Professor Associado da Universidade dos Andes, Bogotá, Colômbia. Diretor de *Competencia en Comunicación* da Fundação Friedrich Ebert www.c3fes.net. Crítico dos meios de comunicação do jornal *El Tiempo*. Blogger do lasillavacia.com. Publicou *Narrativas mediáticas, o cómo cuenta la sociedad del entretenimiento*, Gedisa, Barcelona, 2006; editor de *Telepresidentes: cerca del pueblo, lejos de la democracia*, C3FES, Bogotá, 2008; editor de *Entre saberes desechables y saberes indispensables [agendas de país desde la comunicación]*, Bogotá: C3FES, Bogotá, 2009.

Ana Lucía Magrini – Cientista Política da Universidade Católica de Córdoba e em vias de ser indicada para comunicadora no mestrado em comunicação da Universidade Javeriana. Blogger do lasillavacia.com. Doutorado em Semiótica, Universidade Nacional de Córdoba, Argentina.

Carlos Eduardo Lins da Silva – Bacharel, mestre, doutor e livre-docente em Comunicação, é o ombudsman da *Folha de S.Paulo* e o editor da *Revista Política Externa*. Foi professor de Jornalismo nas universidades de São Paulo e Católica de Santos, além de professor visitante nas universidades Federal do Rio Grande do Norte, Texas, Georgetown e Michigan State.